U0814924

劳动力市场关键指标

（第九版）

国际劳工局　编
中国财政经济出版社　组织翻译

中国财经出版传媒集团
中国财政经济出版社

本书英文原版由国际劳工局（日内瓦）出版，书名为：*KEY INDICATORS OF THE LABOUR MARKET Ninth edition*

国际劳工组织出版物中所用的称号符合联合国惯例，且其中的内容和材料并不意味着国际劳工局认可任何国家、地区或领土的法律地位或其当局，或关于其疆界的划定。

本书的研究和文稿所持的观点由其署名作者负责，国际劳工局对其观点看法不负任何责任。

书中提到的公司名称、商品及流程并不意味着国际劳工局对其认可，未提到的也不意味着国际劳工组织对其不认可。

国际劳工组织不对中文翻译本的准确性或完整性负责，对于其中的任何不准确之处、错误或遗漏及其引致的后果，也不负有任何责任。

图书在版编目（CIP）数据

劳动力市场关键指标／国际劳工局编；中国财政经济出版社组织翻译．—9 版．—北京：中国财政经济出版社，2016.11

书名原文：KEY INDICATORS OF THE LABOUR MARKET Ninth edition

ISBN 978－7－5095－7038－8

Ⅰ.①劳…　Ⅱ.①国…　②中…　Ⅲ.①劳动力市场－指标－世界　Ⅳ.①F249.1

中国版本图书馆 CIP 数据核字（2016）第 253696 号

责任编辑：王飚　刘畅　　　　责任校对：杨瑞琦

中国财政经济出版社出版

URL：http：//www.cfeph.cn

E－mail：cfeph@cfeph.cn

社址：北京市海淀区阜成路甲 28 号　邮政编码：100142

发行处电话：88190406　财经书店电话：64033436

北京财经印刷厂印刷　各地新华书店经销

880×1230　毫米　16 开　9 印张　228 000 字

2017 年 3 月第 1 版　2017 年 3 月北京第 1 次印刷

定价：50.00 元

ISBN 978－7－5095－7038－8/F·5635

图字：01－2016－4223

（图书出现印装问题，本社负责调换）

本社质量投诉电话：010－88190744

打击盗版举报热线：010－88190492、QQ：634579818

劳动力市场关键指标（KILM），第九版

KILM 1. 劳动力参与率
KILM 2. 就业人口比率
KILM 3. 就业状况
KILM 4. 按照产业划分的就业
KILM 5. 按照职业划分的就业
KILM 6. 兼职人员
KILM 7. 工时
KILM 8. 非正式就业
KILM 9. 失业
KILM 10. 青年失业
KILM 11. 长期失业
KILM 12. 与时间相关的不充分就业
KILM 13. 非劳动力人口
KILM 14. 受教育程度和文盲
KILM 15. 薪酬补偿成本
KILM 16. 劳动生产率
KILM 17. 贫困、收入分配、按照工作贫困和经济类别划分的就业

前　　言

《劳动力市场关键指标（KILM）》第九版由国际劳工组织（ILO）统计部首次发行。该书可上溯至1999年由ILO就业部发布的内容。作为2012年成立的ILO组织部门，统计部受命将全部现有的ILO统计数据库和ILOSTAT、LABORSTA后续事务以及ILO过去发布的其他数据库进行整合。ILOSTAT是世界上最大的劳工统计资料库，包含各类工作的统计数据。

KILM建立在各国报给ILOSTAT的数据基础上，并且可以通过来自包括欧盟统计局、经济合作与发展组织（OECD）、联合国教科文组织（UNESCO）和世界银行等其他组织的外部统计资料进行补充。KILM依靠符合国际劳工统计学家会议通过的统计标准的具有国际可比性的数据建立数据库。数据库中的指标会以确认主流趋势和劳动力市场干涉的优先群体为目标，尽可能地分解细化。

KILM数据库中包含17项阐述全球劳动力市场的重要指标，使用方便、容易理解。通过与ILO研究部门共同的合作，数据库还包括选定指标的全球性、区域性和国家评估结果。数据库中有这些评估结果的明确定义，而且这些评估结果会遵循每个发行版本审查和改进相应的方法。

第九版的发行恰逢国际社会通过《2030年可持续发展议程》。该议程号召“数据革命”，以加强在所有区域生成和发布统计结果，以便更好地理解国家、地区和全球层面的发展并因此能够更好地了解政策制定的信息。

跟进可持续发展目标（SDGs）进程的指标体系目前正处于各国和国际组织的讨论中，目标定于截至2016年完成。该体系将会以现有的指标为基础并将纳入多个新指标。

包容和可持续经济增长及全面多产就业和所有体面工作列入该议程八大目标之首。体面工作主要方面的许多指标将会以现有指标为基础，并且类似KILM的数据库，将有助于设立基准和监控世界范围内的劳动力市场。

KILM第九版还会提供劳动人口和失业人员受教育水平方面的主体性讨论，分析未就业、未受过教育和未受培训的青年（即NEET）所占比例的趋向。减少该群体的数目是SDGs八大目标中的一个明确目标。

在此，特别感谢以下数据制作方：国家统计局、劳动部和其他相关国家职能机构，这些机构的工作人员严格按照国际定义和标准以及《官方统计基本原则》，勤勤恳恳、认真仔细地工作，而且经常是在缺少资源的情况下完成每项调查、登记、普查和其他资料统计的工作，使我们的工作得到全世界的理解。

拉斐尔·迪茨·德·麦地那（Rafael Diez de Medina）
总统计师和总监
国际劳工组织统计部

目　　录

前　　言 …………………………………………………………………………………（Ⅲ）
概　　要 …………………………………………………………………………………（1）
致　　谢 …………………………………………………………………………………（5）

KILM 指南 ………………………………………………………………………………（7）
KILM 的发展历程 …………………………………………………………………………（7）
KILM 在劳动力市场分析中的作用 ………………………………………………………（7）
使用多种 KILM 指标分析劳动力市场……………………………………………………（10）
KILM 的组织和覆盖范围 …………………………………………………………………（11）
信息库和方法论信息 ……………………………………………………………………（12）
对国际劳工组织 17 个劳动力市场关键指标的概述 ……………………………………（13）
电子版 KILM ………………………………………………………………………………（18）
参考文献 …………………………………………………………………………………（20）

教育与劳动力市场：浅析全球 KILM 格局 ……………………………………………（21）
1. 引言 ……………………………………………………………………………………（21）
2. 指标分析下的全球趋势 ………………………………………………………………（22）
2.1 受教育程度影响下的劳动力分布……………………………………………………（23）
2.2 受教育程度影响下的失业分布………………………………………………………（25）
2.3 受教育程度影响下的失业率…………………………………………………………（26）
2.4 未参加教育、就业或培训的青年（NEET）比例 ……………………………………（29）
3. 教育对劳动力市场成果的影响 ………………………………………………………（30）
3.1 失业和教育……………………………………………………………………………（30）
3.2 劳动生产率和教育……………………………………………………………………（32）
3.3 就业人口比率和教育…………………………………………………………………（33）
3.4 就业比例和教育………………………………………………………………………（35）
4. 12 个选定国家的现状 …………………………………………………………………（35）
4.1 四个选定指标的最新数据……………………………………………………………（35）
4.2 受教育程度指标和其他劳动力市场关键指标………………………………………（37）
4.3 尚存的教育差距………………………………………………………………………（42）
4.3.1 持续低水平的受教育程度 …………………………………………………………（42）
4.3.2 人口群体差异 ………………………………………………………………………（42）
4.3.3 定量因素和学习领域研究 …………………………………………………………（44）
5. 结论 ……………………………………………………………………………………（45）
参考文献 …………………………………………………………………………………（45）
附　　录 …………………………………………………………………………………（46）

KILM 1. 劳动力参与率 …… (49)
KILM 2. 就业人口比率 …… (53)
KILM 3. 就业状况 …… (59)
KILM 4. 按照产业划分的就业 …… (63)
KILM 5. 按照职业划分的就业 …… (67)
KILM 6. 兼职人员 …… (71)
KILM 7. 工时 …… (75)
KILM 8. 非正式就业 …… (81)
KILM 9. 失业 …… (87)
KILM 10. 青年失业 …… (95)
KILM 11. 长期失业 …… (99)
KILM 12. 与时间相关的不充分就业 …… (103)
KILM 13. 非劳动力人口 …… (109)
KILM 14. 受教育程度和文盲 …… (111)
KILM 15. 薪酬补偿成本 …… (115)
KILM 16. 劳动生产率 …… (125)
KILM 17. 贫困、收入分配、按照工作贫困和经济类别划分的就业 …… (129)

图

2.1 初级教育水平或低于初级教育水平的劳动力比例（%） …… (23)
2.2 高等教育程度的劳动人口比例（%） …… (24)
2.3 高等教育程度的失业人口比例（%） …… (25)
2.4 高等教育程度的青年失业人口比例（%） …… (26)
2.5 高等教育程度的人口失业率（%） …… (27)
2.6 初级教育水平或低于初级教育水平的人口失业率（%） …… (28)
2.7 未参加教育、就业或培训的青年比例（%） …… (29)
3.1 高等教育程度的劳动力比例和失业人口比例（%） …… (30)
3.2 高等教育程度的劳动力比例和失业比例（%） …… (31)
3.3 高等教育程度劳动力比例和劳动生产率 …… (32)
3.4 就业人口比率和高等教育程度劳动力比例（%） …… (33)
3.5 总就业人口中就业者的比例和高等教育程度劳动力比例（%） …… (34)
4.1 按受教育程度划分的劳动人口比例（%） …… (36)
4.2 按受教育程度划分的失业分布情况 …… (37)
4.3 按受教育程度划分的失业率（%） …… (38)
4.4 未参加教育、就业或培训的青年（15—24周岁）比例（%） …… (38)
4.5 高等教育程度和失业情况（%） …… (39)
4.6 高等教育程度和失业率（%） …… (40)
4.7 高等教育程度和劳动生产率 …… (41)
4.8 就业人口比例和受教育程度（%） …… (41)
4.9 就业人员比例和受教育水平（%） …… (42)
4.10 按受教育程度分类的男性和女性失业率（%） …… (43)
4.11 按受教育程度分类的青年和成年失业率（%） …… (44)

专栏

1a. 国际劳工组织劳动力市场统计 …… (8)
1b. 国际劳工组织评估全球和区域劳动力市场指标的方法 …… (14)
1c. 关于工作、就业和劳动力未充分利用的统计的决议 …… (19)
1. 1 劳动力市场和教育数据：统计问题 …… (22)
2. 第 19 届国际劳工统计学家会议通过的关于工作、就业和劳动力未充分利用统计的决议（2013 年 10 月，相关段落） …… (55)
4. 一切经济活动的国际标准产业分类 …… (64)
5a. 国际职业标准分类：主要群体 …… (69)
5b. 2008 版国际职业标准分类 …… (70)
7. 第 18 届国际劳工统计学家会议通过的关于测量工作时间的决议（2008 年 11—12 月） …… (78)
8a. 避免混淆非正式经济的相关术语 …… (83)
8b. 非正式统计概念的时间轴 …… (85)
9. 第 19 届国际劳工统计学家会议通过的关于工作统计、就业和劳动力未充分利用的决议（2013 年 10 月，相关段落） …… (92)
12a. 第 16 届国际劳工统计学家会议通过的关于失业和就业不充分的决议（1998 年 10 月，相关段落） …… (106)
12b. 第 19 届国际劳工统计学家会议通过的关于工作、就业和劳动力未充分利用的决议（2013 年 10 月，相关段落） …… (107)
15a. 国际劳工组织全球工资报告 …… (121)
15b. 第 11 届国际劳工统计学家会议通过的关于人工成本统计的决议（1996 年 10 月，相关段落） …… (122)
15c. 第 12 届国际劳工统计学家会议通过的关于工资体系综合统计的决议（1973 年 10 月，相关段落） …… (123)
17. 新劳工组织跨越经济阶层的估计 …… (133)

概　　要

KILM 已经成为关注劳动力市场发展的研究者的主要信息来源

第一版劳动力市场关键指标（KILM）发布于1999年，后来成为国际劳工组织（ILO）的标志性指标，被世界各地的研究人员和政策制定者们频繁使用。

从国家层面看，统计信息常常由统计服务部门收集、分析。从国际层面看，ILO在向国际社会收集、传播劳动力市场信息和分析中发挥着重要的作用。ILOSTAT（ILO整合数据库）是世界上最大的劳动力统计资料库。其指标复杂且涵盖范围广泛，ILOSTAT中的数据库子集能够为关键指标提供更彻底的分析。KILM中很大一部分数据都来自ILOSTAT，再通过引入来自其他国际资源库的数据和ILO研究部、统计部的判断和预测而得出。KILM的主要目标是提出一套方便用户使用的劳动力市场核心数据集。

KILM 第九版加大了 ILO 对国家实现新 SDG“促进持续性、包容性和可持续性经济增长，全面、生产性就业和体面就业”的测量力度。

KILM还可作为测量实现可持续发展目标8（SDG 8）的全国数据的资料来源，以“促进持续性、包容性和可持续性经济增长，全面、生产性就业和体面工作”。例如，人均GDP和GDP增长（KILM A），非农业就业中非正规就业的比例（KILM 8）和未参加就业、教育或培训的青年人群的比例（“啃老族”，KILM 10），将这些指标放在一起分析，能够对一个国家的体面工作和生产性就业趋势及水平得出比较全面的评估。用于监控2030年可持续发展议程的指标框架仍然处于完善中，毫无疑问，这一关键指标数据集将为实现这一目标发挥重要的作用。

KILM还为其他与就业和劳动力市场方面的SDGs的有关指标提供了重要信息。例如，KILM表18a中所包含的贫困和收入分布统计数据对评测SDG 1“普遍消除各种形式的贫困”和SDG 10“消除国内和国际不平等”的完成是一个非常有用的工具。

KILM 为那些希望能自己进行分析的人们提供了最新的数据和工具。

KILM项目已经实现了其在1999年确定的主要目标，即：（1）提供劳动力市场指标核心数据集；（2）提高监测就业新趋势的指标的可用性。但是KILM所提供的并不止这些。KILM已经演变为一个不仅能提供分析方法（例如数据），而且能解读指标和数据趋势的主要研究工具。这些贡献——包括第九版KILM所提供的——使得ILO能够识别就业挑战，以便采取政策措施，为世界各地创造更多的体面工作机会，尤其是需求最大的地区。

智能决策需要最新、最可靠的劳动力市场信息……

制定有效的国家性劳动力市场战略，首先需要对最新的、最可靠的劳动力市场信息进行收集、宣传和评估。[1] 一旦确定了政策和战略，则必须继续对信息进行收集和分析，以监测目标的完成情况，并根据需要调整政策。劳动力市场信息及其分析是整合战略以促进工作基本原则和工作的权利、生产性就业、社会保护和社会伙伴间对话，并从事性别和发展交叉专题的根本依据。这正是 KILM 的切入点。

……正如 KILM 所提供的。

KILM 是 17 个“关键”劳动力市场指标的集合，包括与就业相关（状况、经济活动、职业、工作时间等）、非正规部门就业、失业者的人数和特点、不充分就业、教育、薪酬成本、劳动生产率和工作贫困等相关的就业和其他变量。总之，KILM 指标为评估和研究生产性就业和体面工作等方面的关键问题提供了坚实的基础。

KILM 第九版重点突出了劳动力市场的当前趋势：

KILM 第九版提出了一些值得关注的问题，部分摘录如下：

世界劳动人口的学历越来越高，增加了劳动生产率。

- 世界劳动人口的受教育程度正在提高。64 个国家过去 15 年的可用数据表明，其中 62 个国家的受过高等教育的劳动人口比例上升。而在这些国家中，有 61 个国家的仅受过初级及以下教育的劳动力比例下降——在一些低收入、中等偏下收入和中等偏上收入经济体中这一比例有显著的改善。

- 受过高等教育的劳动人口的持续增加导致劳动生产率有所提高。这些有利教育趋势能够促进附加值更高的产品和服务的生产扩张和更快的生产率增长，从而支持经济增长和发展。

教育对防止失业并不总是有效。

- 在 93 个数据可用的国家中，有 67 个国家中受过高等教育的人群的失业可能性比受教育程度更低的人群更低。虽然在大多数高收入国家中学历更高的工作者更不容易失业，但是，在中等偏上收入经济体中，情况要复杂得多，而在低收入和中等偏下收入经济体中，拥有高学历的人群似乎更容易失业。在这些发展中经济体中，技术工人的数量和符合其能力与期望的工作数量有非常明显的不匹配。

大部分国家的失业人数仍在增加。

- 在 112 个 KILM 失业率数据可比较的国家中，有 71 个国家

1 例如，制定政策时该如何使用 KILM，见本书“KILM 指南”一章。

（63%）2014 年（或数据可获得的最近年份）的失业率较 2007 年有所上升。这 112 个国家的失业率中位数从 2007 年的 6. 4% 上升到 2014 年的 7. 2%。

- 在高收入经济体中，2007—2009 年的失业人数增加了 1620 万人，占全球金融与经济危机中全球失业总增加人数的 56%。然而，从 2009 年开始，高收入经济体中失业人数已经减少了 570 万人，而其他经济体中失业人数仍然在增加。

仍然存在巨大的生产率差距，而工业化水平的不同在决定生产率水平方面发挥着重要作用。

- 高收入经济体中的普通员工目前的年产出是低收入经济体中该类员工的 62 倍，是中等收入经济体中普通员工的 10 倍（根据 2005 年美元计算的生产率）。

- 经济结构与这些生产率差异密切相关。在低收入国家，2/3 以上的工作者受雇于农业产业——常常从事低生产率、维持生存的活动——而只有 9% 的工作者受雇于工业。在中等收入经济体中，少于 1/3 的工作者受雇于农业，而 23% 的员工受雇于工业产业。

- 从 2000 年开始，全球几乎所有（97%）的工业就业增长都产生于中等收入经济体。高收入经济体中的制造业就业从 2000 年至今已经减少了 520 万人，而在中等收入经济体中这一指标增加了 19500 万人。

中等收入经济体生产率增长最快。

- 与快速工业化同步的是，中等收入经济体在过去 15 年间的生产率增长最快（根据劳均产出计算），尤其是全球经济危机过后的最近这段时间，增长幅度最大。自 2009 年起，中等偏上经济体的生产率按照平均每年 4. 6% 的比率增长，中等偏下收入经济体的生产率按照平均每年 3. 8% 的比率增长，低收入经济体生产率平均每年增长 3. 2%，而高收入经济体每年的增长率仅有 1. 2%。

- 截至 2015 年，世界上大部分（72%）的劳工受雇于中等收入经济体（人均国民总收入 GNI 为 1045 美元—12736 美元），20% 的劳工受雇于高收入经济体（人均 GNI 高于 12736 美元），而 8% 受雇于低收入经济体（人均 GNI 低于 1045 美元）。因此，全球劳动力市场的总体趋势很大程度上受中等收入经济体中的劳动力市场趋势影响。

中等收入经济体中有利的劳动力市场

- 在高速工业化和强劲的生产率增长的基础上，工作穷人（按照购买力平价 PPP 计算的家庭中工作人口的人均生活低于 2 美

趋势有助于减少全球贫困。

元/天的人群）的数量在2000—2015年降低了47900万，中等收入经济体中工作穷人占总就业人数的比例从2000年工作人口的57%降低到2015年的25%。在这期间世界工作穷人的减少全部是由中等收入经济体带来的。

KILM第九版有很多优点，它使得数据的获取和操作更简便，包括一个便于用户操作的预测工具。

交互式KILM软件和Excel插件（可从ILO统计部的网站上下载*：www. ilo. org/kilm）使得与劳动力市场相关的信息搜索和分析更简单快捷。对于那些希望通过互联网工作的人群而言，国别的KILM指标能从KILM的网站上直接下载。每一版的KILM均包含一个简单的用户操作界面，这样用户就可以查询最新的KILM指标。用户还可以直接从KILM的软件、Excel插件和互联网数据库中获取选定的ILO世界和地区关键指标集。

* 本书所涉但未在书中体现的表格均见KILM软件及Excel插件。

致　谢

KILM 第九版是 ILO 统计部数据生产和分析单位的成果。玛丽－克莱尔·苏德格伦（Marie－Claire Sodergren）对 KILM 数据进行了整理，大卫·贝斯肯德（David Bescond）、伊万吉丽娅·布姆波拉（Evangelia Bourmpoula）、哈维·克拉维恩（Harvey Clavien）、罗西娜·珈玛拉诺（Rosina Gammarano）、马苏德·哈牟亚（Messaoud Hammouya）、华乐安（Lê Anh Hua）、阿尔诺·坤兹（Arnaud Kunzi）、狄波拉·乐瓦可拉（Devora Levakova）、阿村亚·民诺瓦（Akiko Minowa）、伊夫·帕拉德（Yves Perardel）、艾伦·维特洛浦（Alan Wittrup）和朱彦文（Yanwen Zhu）等人对数据产生、分析和原稿纂写等作出了非常可贵的贡献。艾伦·维特洛浦（Alan Wittrup）开发了 KILM 交互软件，KILM 由数据生产分析单位总监史蒂文·卡普索斯（Steven Kapsos）进行监督。

团队在 ILO 统计部总监和总统计师拉斐尔·迪茨·德·麦地那（Rafael Diez de Medina），管理支持部总监瑞塔什·萨尔纳（Ritash Sarna）及知识管理单位总监埃德加多·格里新（Edgardo Greising）和其数据库管理员克里斯托夫·维多瑞利（Christophe Vittorelli）的强烈支持下获益匪浅。

由衷地感谢政策副总监桑德拉·波拉斯基（Sandra Polaski）及其办公室的李明宪（Sangheon Lee）源源不断的帮助。ILO 研究部提供了 ILO 评估结果并且为此我们感谢部门总监雷蒙德·托雷斯（Raymond Torres）和他的团队成员莫赞姆·穆罕默德（Moazam Mahmood）、埃克哈德·恩斯特（Ekkehard Ernst）、斯蒂芬·库恩（Stefan Kühn）、圣·米拉斯（Santo Milasi）、史蒂文·托宾（Steven Tobin）和克瑞斯汀·维格拉（Christian Viegelahn）。就业部还提供了有价值的评论，所以我们感谢就业部部门总监阿兹塔·贝拉尔·阿瓦德（Azita Berar－Awad）及其团队。

KILM 第九版的完成包含了许多在过去 16 年里参与过以往制作 KILM 数据和纂写原稿的 ILO 同事的努力，特别感激萨拉·埃尔德（Sara Elder）、劳伦斯·杰夫·约翰逊（Lawrence Jeff Johnson）、朱丽亚·李（Julia Lee）、多罗西亚·施密特（Dorothea Schmidt）和西奥·斯帕瑞布姆（Theo Sparreboom）和克里斯蒂娜·威泽（Christina Wieser）等人作出的贡献。

KILM 的出版依赖于世界范围内国家统计局为了收集、出版和传播其劳动力市场相关信息不断作出的努力。KILM 还受益于 ILO 区域和其他领域办公室之间的合作，特别是在国家和地区统计资料信息的分享方面。KILM 通过其他组织的持续合作和支持获取相当一部分的信息，这些组织包括美国经济咨商局、欧洲联盟统计局（Eurostat）、经济合作与发展组织（OECD）、UNESCO 统计协会和世界银行。在此我们非常感谢并深深感激我们联系的组织机构花费时间与我们分享它们的数据。

还要感谢全程提供技术管理支持的 ILO 统计部人员，并感谢 ILO 通讯和公共信息部的持续合作和支持。最后，KILM 团队成员希望向此处未列出的在项目开发和完成期间提供帮助或指导的所有组织或个人表达深深的感激之情。

KILM 指南

KILM 的发展历程

任何主张与劳工相关策略的组织、机构或者政府都需要相关的数据，用以监控和评估就业领域的现实状况。鉴于这一点，国际劳工组织（ILO）于 1999 年正式推出劳动力市场关键指标（KILM）项目，以辅助多个常规数据收集项目并提高世界劳动力市场关键数据的传播（有关 ILO 进行的各种统计活动，见专栏 1a）。

KILM 创立之初有两个基本目标：（1）提供核心劳动力市场指标；（2）提高指标的可用性以监控新的就业趋势。指标的选择基于以下的标准：（a）概念相关性；（b）数据可用性；（c）跨国家和地区的相对可比性。从第一版开始，核心指标的设计和演示就已经开始逐渐演变。

KILM 在劳动力市场分析中的作用

合理的基于证据的政策制定依赖于识别和量化劳动力市场的最佳实践和无效率，例如劳动力利用不充分和体面工作缺乏。这是设计致力于增强劳工幸福感并同时促进经济增长的就业政策的第一步。就业领域内广泛认为，亟须对劳动力市场信息进行综合性收集、组织和分析，KILM 可以作为监控和评估许多与劳动力市场机能有关问题的工具。以下为如何在 ILO 的主要研究领域运用 KILM，为政策制定提供资料的案例。

推进国际劳工组织体面工作议程

国际劳工组织体面工作议程致力于提高成年人在确保自由、平等、安全和人类尊严的条件下获取高生产率工作的机会。[1] 随着更多的政府、雇主和劳工研究制定符合体面工作原则的政策，解读术语“体面”的责任就落到了政策决策者的肩上。根据国际环境、政策决策者的政治观点和有关劳动力市场的个人职位的不同，对体面工作职业或者体面薪酬的认知观念可能大相径庭。不过，相关工作领域倒是存在几乎普遍接受为“差”的特定条件——有工作却获得不能达到贫困线以上的收入，或者在基本工作原则和权利[2]无法保证的条件下工作。

鉴于形成政策需要通过谨慎的实证研究和对就业领域的定量评估，作为广泛劳动力市场指标的集合，KILM 可以作为处理 ILO 体面工作议程相关问题的工具。

KILM 可以帮助确定劳动力利用不充分和体面工作缺乏的地区，不仅包含正在工作却仍然不能把自身和家庭的收入提高到超过贫困线的人们（KILM 17），而且还包括低质量工作或者缺乏足够的工作的人们。任何形式的工作缺乏都可以使用“失业”进行定义（KILM 9 和 KILM 10），还可以使用“休止状态”进行更加广泛的定义（KILM 13）。工作质量差可以通过多个指标综合进行定义。例如，通过确认哪些个体处于弱势就业地位（通过地位和产业——KILM 3 和 KILM 4）、工作超时（KILM 7）、在非正式就业（KILM 8）、不充分就业（KILM 12）或者从事低生产率工作（KILM 16）。

1　自国际劳工组织在 1999 年发布总干事报告开始（ILO，1999），“体面工作”目标连同致力于“保障各地成年人体面工作”的政策和项目形成的劳动力标准、基本工作原则和权利、就业、社会保障和社会对话，已经成为 ILO 核心工作的代表。

2　国际劳动组织基本工作和权利宣言目的在于确保社会进程与经济进程和发展同步。更多信息请参考 http：//www. ilo. org/declaration。

专栏 1a. 国际劳工组织劳动力市场统计

统计活动一直都是国际劳工组织所做工作不可分割的部分，1919 年设立的国际劳工组织统计部见证了“收集和发布工业寿命和劳工条件的国际调整有关主题信息”（《凡尔赛和约》的第 396 条和 ILO 章程的第 10（1）条）。自从其全面启动，ILO 已经尽力在变化无常的世界内履行职责。关键统计职能由 ILO 的统计部负责，它是联合国（UN）系统中劳工统计的中心。之前叫做统计局的统计部——成立于 2009 年——负责加强数据编辑，提高对国家和民众的支持以产生、收集和使用更加及时和精确的劳工和体面工作的统计结果，协调和评估 ILO 统计活动的品质，（通过举办国际劳工统计学家会议和为统计活动提供指导与支持）设立国际统计标准并加强劳工和体面工作统计的能力建设。

在很长的一段时间内，传播劳动力市场统计的主要出版物为首次发行于 1935 年 ILO《劳工统计年鉴》（以下简称《年鉴》）。《年鉴》中含有关于劳动力市场的范围广泛的时间系列数据，数据随着时间推移而反映当时的利益和发展。覆盖的范围已经包含就业、失业、工时、薪酬、生活成本和零售价格、劳工的家庭预算、移民出境和移民入境、职业伤害和产业关联。《年鉴》发表的月度或季度更新数据首次发布于《国家劳工评论》及其增刊，并从 1965 年发布于季度《国际劳工统计公报》（以下简称《公报》）及其增刊。公报还包括有关统计实践和方法以及展示由统计部进行的特殊项目结果的短篇文章。

统计部在 2010 年从满足劳动力市场中所有类型用户的统计需求角度出发，扩大统计范围并以更加及时的方式准备用于编辑、存储和传播数据的规程的综合修订本。结果是《年鉴》和公报的印刷出版物停刊并用包含年度和短期统计的持续在线更新数据库 ILOSTAT 替代。ILOSTAT 可以在网址 www. ilo. org/ilostat 上查阅，ILOSTAT 还包含具体劳工相关话题的数据集（例如劳工移民和社会保障）以及所有相关的方法论信息，包括国家统计资料中使用的概念和数据、分类和元数据。有效识别信息缺口有助于帮助 ILO 向多个国家提供技术性的支持。主要关注点为把 ILOSTAT 建立成为可以显示及时准确官方数据的数据库。从 2010 年开始的短期数据已经使得 ILO 可以更好地掌控跨国的就业情况而无须等候年度数据，提高了向重要主体和例如 G20 和地区会议等重大活动的报告能力。

劳动力市场关键指标（KILM）通过提供一致可比较的劳动力市场信息完成以上的需求。在范围和内容方面 KILM 不同于 ILOSTAT 的年度指标。尽管年度指标作为国际劳工统计数据的最好来源，并且 KILM 努力加强在 ILO 概念和定义方面首选获取可比较的数据，但是 KILM 却能更加灵活地在时间和国家范围内加强系列的可比较性，考虑到其并未被限定于使用与报告一致的国家数据，在指标不流畅并不能保持严格可比较性的情况下，需要采取措施选择可以提供尽可能“干净”和可比较系列的资料和方法论；并且定义和方法论术语中存在的反常现象已在表格注释中明确标出。最后，部分指标由年度指标和 KILM 共同提供；不过，所有的指标并不完全相同。例如，KILM 中所包含的劳动生产率并未出现在年度指标中，而 KILM 中没有包含年度指标报告中所包含的罢工、停工和职业伤害的数据。

监督联合国千年发展目标和可持续发展目标取得的进展

联合国下定决心制定目标，将其国家和国际政策及国家发展战略中充分生产性就业和体面工作的所有中心目标作为达到千年发展目标（MDGs）的部分举措。[1] 确认全面体面生产性工作为其解决贫困和饥饿的中心，MDG 1 包含目标 1b（于 2008 年确认）以“实现包括妇女和年轻人在内的所有人的完全体面就业”。在监督 MDG 目标 1b 进展的时间内选择的四项指标可用于 KILM：（1）就业人口比率（KILM 2）；（2）生活低于贫困线的就业人口比例（就业贫困率见 KILM 17）；（3）就业总人口中自营和供养家庭的劳工比例（弱势就业率见 KILM 3）；（4）劳工生产率（KILM 16）。[2]

随着在 2015 年完成 MDGs，一系列 17 个可持续发展目标（SDGs）经协商紧随其后。[3] 在 SDGs 范围内，已经重新重视寻求所有人充分体面的就业，第八项目标为“推进具有包容性的可持续的经济增长、惠及全体人群的就业和体面工作”。首先，KILM 显示了目前提议用于衡量第八项目标进展的几项指标的统计结果，即人均 GDP 和 GDP 增长、非农业就业中非正规就业的比例、青年失业率、未受教育、未就业和未经培训的青年比例。这些内容分别被列于 KILM 表格 A1、表 8、表 2b、表 9b、表 10b 和表 10c。[4] 其次，KILM 还为监督其他与就业和劳动力市场有关的 SDGs 相关的指标提供有价值的信息，例如 KILM 表格 18a 中包含的贫困和收入分布统计结果，可以用于测量第一个 SDG 的进展，以“结束各地任何形式的贫困”。

监控劳动力市场的公平性

妇女在获取体面工作时会面临特殊的挑战。KILM 的指标主体会按照性别进行区分，从而可以对比男性和女性在劳动力市场的就业机会。诸多和个人指标相关的“趋势”分析主要关注劳动力市场中公平的就业机会和公平对待的目标所取得的进展。[5]

评估全球化环境下的就业情况

全球化可能会使所有人受益，但是到目前尚不能使得足够多的人受益。因此，为推进全球化，应当以促使全球化为所有人创造体面工作机会的方式进行（WCSDG，2004）。达成该目标的其中一种方法是将就业作为宏观经济和社会政策的核心目标。KILM 指标可以实现对全球化相关的就业的监控。例如，有研究表明全球化对失业和工作机会创造以及薪酬和生产力的变化具有影响（并因而影响国际竞争力）。若指标反映出全球化的消极影响，那么可以探寻改变宏观经济政策的方法，使得调整代价最小化及以更加公平的方式分配全球化的收益。

---

1 作为联合国“创造类似于国家和全球层面的环境——这有利于发展和消除贫困”的千年宣言的一部分（参考联合国 2005，第 47 段），国际社会采用一系列国际目标以减少收入贫困并推进人类的发展。包含八大方针、18 项目标和用来衡量进度的 48 个指标的框架被来自联合国秘书处、ILO、国际货币基金组织（IMF）、经济合作与发展组织（OECD）和世界银行的专家们所接受。指标之间相互联系并可以展示发达和发展中经济体之间的伙伴关系。更多关于 MDGs 的信息，请参考 http：//www. un. org/millenniumgoals。

2 KILM 第六版（ILO，2009）第一章 C 部分为如何汇总 4 个 MDG 就业指标以从国家层面对进度进行基本分析提供了范例。KILM 第七版（ILO，2011）第一章 A 部分体现了对世界就业贫困的深刻见解并引进对就业贫困的新的评估方法，还可以参考 2011 年编者为 Sparreboom 和 Albe 提供的资料。

3 在 2015 年 9 月 25 日至 9 月 27 日联合国可持续发展大会在纽约召开期间，作为一个全体出席的联合国高层大会，世界领导者、经济和社会组织汇合讨论有关新型发展议程的问题，例如贫困、饥饿、不公平和气候变化。大会促成了重大新型可持续发展议程及采纳了一组 17 个可持续发展的目标。SDGs 的完整列表及其相关目标可在 http：//www. un. org/sustainabledevelopment/sustainable – development – goals/查询。

4 这次会议的最新指标提议（首次发布于 2015 年 8 月 11 日）可在 http：//unstats. un. org/sdgs/files/List%20of%20Indicator%20Proposals%2011 – 8 – 2015. pdf 查询。

5 使用 KILM 指标获取性别公平性的指导，请参考 ILO，2010。

确定“最佳实践”

KILM 可以有助于确定诸多问题的最佳实践案例国家或地区：职业薪酬性别差距不存在或者最小的地区；青年获取工作不会面临不利因素的地区；可以通过平衡劳动生产率和劳动薪酬来鼓励国际竞争的地区；经济增长和就业机会增长同步的地区；降低高失业率的地区，以及许多其他案例。案例的关键在于确认促成良好劳动力市场结果的政策并突出可以在其他地区实行的最佳实践办法。

使用多种 KILM 指标分析劳动力市场

越来越多的国家开始提供全国性失业与整体就业数据。然而，鉴于单独使用这些数据具有局限性，需要谨慎解读这样的统计结果，并且需要提醒用户结合更广范围的统计结果，以更加广阔的视角看待劳动力市场的发展。使用整体失业率的好处包括可以相对轻松地收集和对比各国的重要数字。但是失业只是劳动力市场状况的一个方面，而且单独观察失业（或者任何其他劳动力市场的指标）将会忽略劳动力市场同样重要却更加难以量化的其他因素。

因此，劳动力市场分析的第一步就是按照人口决定劳动力的分类。[1] 根据 2013 年第 19 届国际劳工统计学家会议采纳的工作、就业和劳动力不充分利用统计结果有关决议中的既有定义，适龄工作人口可以分为未劳动人员（之前称为不活跃劳动力：KILM 13）、就业人员（KILM 2）或失业人员（KILM 9 和 KILM 10）。失业或者处于劳动力外围或二者兼备的人口的巨大比例表明潜在的劳动力不充分利用以及由此导致的可用的经济潜能。面临这一情况的政府在条件允许的情况下，应当探索分析存在不活跃劳动力的原因及由此表明矫正这种情况的必要政策选择。

比如，如果离开劳动力队伍的人口主体由因为家庭责任而未工作的妇女组成，那么国家可以期望通过建立日间托儿所或灵活的工作时间制度的措施，鼓励促进女性参与经济。另外，如果残疾是离开劳动力队伍的普遍原因，那么推进残疾人就业的项目可以有助于降低劳动未参与率。如果因为已经脱离劳动力市场的人口“气馁”，导致他们觉得不能找到合适的工作，或者他们不具备合适的资格证书，或者不知道找工作的方式，重新获得这些劳动人口就会更加困难；不过，或许可以通过参加培训项目和找工作援助增加他们的自信。在任何特定国家范围内，只能通过仔细观察未参与劳动的原因来制定正确的政策组合。

失业本身就可以根据性别（KILM 9）、年龄（KILM 10）、时间长短（KILM 11）和受教育程度（KILM 14）进行分析，以更好理解失业人口的组成并因此恰当地制定有针对性的失业政策。未在 KILM 中显示出来的例如社会经济背景、工作经验等同样重要的其他失业特征，应当在条件允许的情况下进行分析，以便发现哪些群体面临特殊困难。反常的是，低就业率可能会掩盖住一个国家的持续贫困（见 KILM 17），而经济高度发展和低贫困率的国家可能会出现高失业率。在没有失业保险和福利保障体系的国家，即使家庭非常团结，个人仍然负担不起失业。反之，他们只能尽最大努力维持生计，通常接受非正规经济或正规经济中的非正规工作安排。在社会保障计划发展良好或者可以获得其他支持方法的国家，劳工可以花费更多时间寻找心仪的工作。因而，许多发展中经济体的问题并不在于失业人员过多，而是缺少面向在业人员的体面生产性工作的机会。

这需要以并非所有的工作都是“体面

1　如何使用 KILM 指标分析劳动力市场的具体国家案例，请参考 ILO，2011 第一章 C 部分和 ILO，2007，附件 F。

工作”为前提，仔细分析就业总数以评估就业人口的福利状况。若就业人口在很大程度上由自营或无报酬的家庭的劳动者（见KILM 3）组成，那么就业人口总数指标（见KILM 2）会失去其作为标准测量规范的价值。这些人是否在职？按照国际定义的结果是肯定的。这些人工作是否体面？未必如此。尽管技术型就业、自就业劳工或家庭劳工保持着脆弱的雇佣关系，但通常这种就业和失业的界线极其细微。如果有偿工作在正式经济体中开放，那么部分劳动力将会蜂拥申请这些工作。需要进行进一步的评估以决定这些劳工是否普遍贫困（KILM 17）、从事传统农业活动（KILM 4）、在不具备工作保障的非正式市场售卖商品（KILM 8）、工作超时（KILM 7）或者想要工作更长时间（KILM 12）。

在理想化的情况下，所有的指标在任何国家都是可获得的，所以通过广泛范围内获取的指标进行劳动力市场的分析可能是一件容易的事情。不过，现实却是大相径庭。尽管国家统计项目和部分 KILM 采集效率在近期有所进步，仔细观察每个国家 KILM 数据的可用性表明在许多地区仍然存在许多数据无法获得的漏洞。

KILM 指标覆盖率在非洲国家特别低，考虑到受到贫困和政治局面动荡不安困扰的国家不会重视开展劳动力调研，这点就可以理解了。矛盾的是这些地区恰恰需要更多劳动力市场信息，以分配不足的资金和推行有助于人民“脱离贫困就业”的国家政策目标。[1]

KILM 的组织和覆盖范围

联合国统计部负责编辑大约 230 个国家、地区和区域的统计结果。[2] KILM 的每个版本中，ILO 已经努力收集尽可能多的国家、地方和区域的指标数据。对于没有信息的国家，通常是因为该国家并不提供该项指标，或者因为此类本该有效可用的信息在当时不够充分或未达到 KLM 所设的其他限制性条件。

KILM 以两种方法对国家进行分类：在地理上根据区域和亚区域（宽泛和具体）区分各国；根据人均收入，以世界银行分类为基础通过人均收入分组。有五大地理分组：（1）非洲；（2）北美地区；（3）阿拉伯国家；（4）亚洲和太平洋地区；（5）欧洲和中亚地区。可以进一步分为相应宽泛的亚区域：（1.1）北非；（1.2）撒哈拉沙漠以南非洲地区；（2.1）拉丁美洲和加勒比地区；（2.2）北美；（3.1）阿拉伯国家；（4.1）东亚；（4.2）东南亚和太平洋地区；（4.3）南亚；（5.1）北欧、南欧和西欧；（5.2）东欧；（5.3）中西亚地区。和 20 个相应的具体的亚区域：（1.1.1）北非；（1.2.1）中非；（1.2.2）东非；（1.2.3）南非；（1.2.4）西非；（2.1.1）加勒比海；（2.1.2）中美；（2.1.3）南美；（2.2.1）北美；（3.1.1）阿拉伯国家；（4.1.1）东亚；（4.2.1）东南亚；（4.2.2）太平洋岛屿；（4.3.1）南亚；（5.1.1）北欧；（5.1.2）南欧；（5.1.3）西欧；（5.2.1）东欧；（5.3.1）中亚；（5.3.2）西亚。四个收入分组分别为：（1）高收入国家；（2）中等偏上收入国家；（3）中等偏下收入国家；（4）低收入国家。

在 KILM 数据库中，可以获取 1980 年以后所有年份的指标和每年更新的数据。ILO 会尽量使用法语、西班牙语以及英语提供 KILM，其他语言版本的 KILM 仅以电子版形式提供。软件用户能够从文件菜单中选择他们的语言：英语、法语或西班牙语，并且可以在任意时间在各种语言之间进行转换。

1　ILO 坚定主张将就业置于减少贫困战略的核心，尤其是“恰恰掌握坚实可靠、进取和长期持续消减贫困的关键的工作领域”（ILO，2003）。

2　联合国统计部、“国家或地区，代码和缩写”，参考网址：http：//unstats. un. org/unsd/methods/m49/m49alpha. htm。

信息库和方法论信息

在编辑 KILM 时，ILO 专注于尽可能地汇总来自国际资料库的信息；对于这些资料库尚未包含的国家，可以直接从国家资料库中收集这些信息。KILM 包含由国际组织编辑的信息，例如：

- ILO 统计部（ILOSTAT）
- 经济合作与发展组织（OECD）
- 欧洲联盟统计局（Eurostat）
- 世界银行
- 美国经济咨商局
- 联合国教科文组织统计协会

这些组织所拥有的信息一般从国家资料库获取或者以国家官方出版物为基础。

每当信息是从多个资料库获取的，来自每个资料库的信息和背景文件会经审查以选出最适合收录的数据，所做的判断基于对资料可靠性的评估结果、有关覆盖规模的方法论和相关解释性的注释文档的有效性、性别和年龄信息的有效性以及历史覆盖程度。有时候，为一个单一国家选出两个数据资料库并进行展示；并恰当地注明历史序列数据中存在的任何中断。

对于劳动力信息统计系统欠发达的国家，例如发展中经济体，国家政策制定者和社会伙伴可能很难轻易获得本国信息，更不用说那些致力于收集整理全球数据的国际组织。不过，这些国家中的许多国家确实会通过家庭和机构调研、人口普查和管理记录采集劳动力市场信息，因而随着该国和全球的交流联系，主要问题并不在于过多缺少信息。在当前这个 KILM 版本和之前的版本中，对录入既有数据集进行了大量努力。这个“数据挖掘”进程正在进行并协助 KILM、ILOSTAT 和其他 ILO 出版物以及研究项目扩大指标覆盖范围。

注解和“分类”

劳动力市场指标的收集需要获得特定时间范围内尽可能广泛的地理覆盖，以权衡需求并确保可比性和统一性达到最高水平。达到覆盖范围和可比性之间的平衡性是一项艰巨的任务。调节两者的唯一现实途径在于提供尽可能多的有关统计方法的信息。每个指标都有“可比性的局限”部分，而且已经在每个表格中尽可能地标明方法论和资料的注解。

劳动力市场信息的历史延续性对于许多用户来说很重要。没有覆盖指标表格，则有必要每年提醒用户数据来源、定义或信息覆盖范围的重大变化。在按年代的“分类”点放置的“b”表明方法论、覆盖范围和（或）国家内使用的资料类型的变化。

不论信息是否是从其他国际资料库、地区劳动力市场指标数集或者直接从官方资料获得，我们将在可能的情况下提供有关数据来源和信息提供者的信息。

国际可比性

为了确保国际可比性，建立现有劳工统计结果的国际标准很有必要，经国际社会确认有两种形式：（1）国际劳工组织所采用的惯例和建议；（2）国际劳工统计学家会议（ICLS）所采用的解决方案和指导方针。这些解决方案虽然不具备约束力，但是可以提供概念框架、操作性定义和测量方法论以及传播各种劳工统计结果的具体指导方针。[1]

如上所述，有关测量的方法都将会有重要说明；在可以进行合理的国际对比之前，需要时间和努力进行整理。可比性的局限性通常表现在具体指标上。但是，存在需要关注的标准问题。例如，国别对比当然会受到每个国家每年统计数据的精确度的影响，以及相关收集、定义、覆盖范围和参考时期等统计方法的差异所导致的系统性误差。

为了使得误解最小化，会提供定义资料库、资料分类（居民或劳动力调查、人口普查、管理记录等）以及覆盖偏差变化例如年龄组、地理覆盖（国家、城市、首都

---

1 ICLS 相关的决议，请参考专栏 1c。

城市）等的详细注解。在分析或者参考特定指标时，建议用户仔细检查“可比性的局限性”部分和数据表格中的注解。

全球性和区域性估计

KILM 第九版可以帮助用户直接获取从 1991 年至今的 ILO 全球性和区域性评估信息。表格中展示了以下指标：劳动力参与率（表 R1）、就业人口比率（R2）、就业情况（R3）、按行业分类的就业（R4）、失业率（R5）、青年失业率（R6）、青年失业率比率（R7）、劳动生产率（R8）和按经济分类的就业。

类似于其他基于国家层面数据的 KILM，可以通过年份、性别和年龄组对上述数据集中的少数（R1、R2、R7 和 R9）进行筛选；用户将均能够获取原始数字和比率。估计结果可以通过使用三个模型中的一个模型导出，这些模型运用多元回归技术来估计国家层面的丢失数值。ILO 全球性和区域性估计模型中所使用的程序的具体细节请参考专栏 1b。

对国际劳工组织 17 个劳动力市场关键指标的概述

KILM 第九版给出了有关劳动力、就业、失业、不充分就业、受教育程度、薪酬和酬劳成本、生产力和贫困的指标。下面会对 17 个指标中的每个指标进行简单描述。

KILM 1. 劳动力参与率

劳动力参与率是一个国家中活跃于劳动力市场（在业或者找工作）的适龄工作人口比例的衡量标准；其表明了可从事商品生产和服务业的劳工供应的规模。按照性别和年龄段的劳动力分类（之前叫做经济活跃人口）简要描述了一个国家内的劳动力分布情况。

表 1a 包含按性别的劳动力参与率评估结果和预测结果，以下为标准年龄分组：15 +、15—24、15—64、25—34、25—54、35—54、55—64 和 65 +，年份为 1990 年到 2030 年。因为各国数据收集和制表方法的不同以及例如军事服务要求等其他具体国家因素，所以参与率会被统一。系列数据包括国家报告的和转接的数据和仅国家层面的评估结果，就是无覆盖范围的地理限制。表 1b 包含能够获取数据的国家按性别和年龄段：总体（15 +）、青年（15—24）以及成年（25 +）报出的劳动力参与率。

KILM 2. 就业人口比率

就业人口比率被定义为一个国家的在业工作年龄人口的比例（青年就业人口比率为在业的青年人口占总人口比例——特别定义为年龄在 15—24 周岁的人群）。高比例意味着一个国家很大比例的人口处于就业状态，而低比例意味着很大比重的人口未直接参与劳动力市场的相关活动，或者因为这些人未就业，又或者因为（更有可能）这些人完全为劳动力之外的人口。表 2a 提供了按 ILO 根据性别和年龄段：总体（15 +）、青年（15—24）以及成年（25 +）所评估和预测的就业人口比例的系列数据。表 2b 包含可以获取数据地区的同样按性别和年龄段的就业人口比例的国家评估结果。

就业人口比例可以提供经济体能够创造就业的能力方面的信息；对于许多国家，指标会在失业率以外提出更多见解。虽然高比率通常被视作肯定，但是单独使用这个指标并不足以评估体面工作或者缺少体面工作的水平，需要结合其他指标来评估此类问题，类似于收入、工作时间、非正式就业、不充分就业和工作条件等。就业人口比例在按照性别分类时非常有意义，因为男性和女性的比率可以提供在给出国家内的劳动力市场活动中性别差异的信息资料。

专栏 1b. 国际劳工组织评估全球和区域劳动力市场指标的方法

生成总评估结果的最大挑战就是数据丢失。在理想情况下，劳动力市场指标的全球性和区域性评估结果，例如就业，可能会只需要合计世界上所有国家或者特定区域的就业人口的总数。但是，由于每年并非所有的国家都会报告数据，以及部分国家未报告过任何年份的数据，所以不可能通过简单合计国家数据而导出劳动力市场指标的总评估结果。

为了解决数据丢失的问题，先前的 ILO 就业动态团队设计出了几个计量经济学模型，这些模型频繁被维护和用于生成对实际数据无效的国家和年份的劳动力市场的估计结果。全球就业动态模型（GET 模型）用于生成估计结果——按照就业人口的年龄和性别比率（KILM 2）、就业状况（KILM 3）、按行业分类的就业（KILM 4）、青年就业（KILM 10）和劳动生产率（KILM 16）分类。KILM 17 中所记录的计量经济模型可用于生成按经济分类就业的估计结果。设立于 KILM 1 和 KILM 13 中的全球性和区域性劳动力估计可以通过劳动力动态模型（TLF 模型）进行估计。

每个上述模型均使用多元回归技术估计国家层面的丢失数据。每个模型中的第一个步骤就是收集问题中每个指标的每个碎片化的实际信息（例如，每个实际数据点），只录入覆盖国家范围和在国家间、时间上具有可比性的数据。这是模型运作时很重要的选择标准，因为模型是根据多种劳动力市场指标和宏观经济相关因素之间的关系设计的——例如人均 GDP、GDP 增长率、人口统计趋势、重债穷国计划（HIPC）中的国家成员关系、地理坐标及国家和时间虚拟变量（以便生成没有数据的地区的劳动力市场指标的估计结果）。因此，用于收录到模型中的劳动力市场数据的可比性对于确保模型准确获取劳动力市场指标和宏观经济变量之间的关系很有必要。

若已经收集好包含实际和估计的劳动力市场数据的数据集，那么就可以进行估计程序的最后一步。在这个步骤中，各国的数据将会汇总合计以生成最终的全球性和区域性评估结果。有关动态经济模型（包括 GET 模型和 TFL 模型）的更多信息，读者可以在下面的网站查询技术背景文件：http：//www. ilo. org/empelm/projects/WCMS_ 114246/lang – – en/index. htm。

KILM 3. 就业状况

就业情况指标在两大就业类别之间有所区别：（1）员工（还可以称作工薪劳动者）和（2）自就业人员。自就业人员可进一步细分为（a）雇主，（b）自营劳动者，（c）生产合作社成员和（d）供养家庭劳动者。以上每个分类表示为占就业人口总数的比例。按照就业情况的分类可以有助于理解任何特定国家的劳动力市场动态和发展水平。随着年份变化和经济增长，一个国家可能特别期望看到就业从农业转向工业和服务行业，伴随着工薪劳动者的相应增长和自就业人员及家庭劳动者的相应减少，其中多数在之前可能从事于农业。

就业情况的分类方法以 1993 年的国际就业身份分类（ICSE）为基础，ICSE 对一个人在一个时间点从事的工作按照同其他人或组织所达成的明确的或隐含的工作合同进行分类。这样的状况分类反映出各种类型安排所蕴含的经济风险程度，其中一个因素是连接人员和工作的连接强度，以及该人员已经或即将担任的职权类型和其已经或即将管理的其他工作人员。

KILM 4. 按照产业划分的就业

这一指标将就业分解成三大产业——农业、工业和服务业，并以每一行业就业占总就业的百分比表示。该指标表明了行业范畴下中就业的增长和下降，并重点突出了发达经济体和发展中经济体的趋势和水平的不同。按照行业分类的就业流向是分析生产率趋势的重要因素，因为行业内生产率增长需要与由低生产率行业向高生产率行业转变所导致的增长区别开来。表 4b、表 4c 和表 4d 中增加了对行业的进一步描述，这对展示经济体中各个行业内的就业趋势非常有用。

行业划分是根据所有经济活动国际标准产业分类（ISIC）修订本 2（1968）、修订本 3（1990）和修订本 4（2008）而定义的（见专栏 4）。

KILM 5. 按照职业划分的就业

按照主要分类群组，将按照职业分类的就业在 3 个表格中列示出来：专栏 5a 是根据 2008 年国际职业标准分类（ISCO－08）划分的；表 5b 是根据 ISCO－88 划分的；表 5c 是按照 ISCO－68 划分的。以上所有表格均按照性别分组。

本指标获得广泛关注。经济学家们在分析不同时间和不同组别（例如男性和女性）的区别和不同劳动力市场中的供需失衡时使用了职业分类。政策制定者们利用职业统计支持经济和社会政策的制定与执行，并监督这些政策的执行进度，例如劳动规划和教育与职业培训规划。管理者们需要利用职业统计以便从公司角度和其所在行业和相关劳动力市场的角度规划和决定人事政策，监督工作条件。

KILM 6. 兼职人员

近几十年来，发达经济体中的兼职工作者数量经历了快速增长。这一趋势不仅与劳动力市场中女性人员的增加有关，而且其还与试图引进劳动力市场灵活性以应对行业内工作组织的变化和服务行业的增长有关。

兼职工作者指标关注的是工作时间少于“全职”工作时间的人群，以这一群人占总就业人数的百分比表示。由于构成全职工作的一周最少工作时间没有统一的国际标准，兼职和全职的分界线是根据国家的不同或通过运用特殊的估计方法来决定的。计算该指标时有两种方法：总兼职就业占总就业的比例（有时也被称为“兼职就业率”或“兼职就业发生率”）和女性兼职劳动力的百分比。

KILM 7. 工时

工时会对工作者的健康和幸福以及企业的生产率水平和劳动力成本产生影响。在监测工作和生活条件以及分析经济发展时，不同的工作团体和工作个体社会工作时间的水平和趋势是十分重要的，

为了获得全球参与工作活动的就业者的总体情况，KILM 7 描述了两种工作时间测量方法。第一种方法是按从业人员每周工作的时间（表 7a）划分。表 7a 列出了就业者按照根据每周工作时间数量划分的标准：少于 15 小时，15—29 小时，30—34 小时，35—39 小时，40—48 小时和 49 小时及以上。这些数据均尽量按照性别、年龄组（总人数、青年和成年人）和就业状况（总人数、雇员或工薪工作者）分类。第二种方法是按人均年实际工作时间划分（表 7b）。

KILM 8. 非正式就业

非正规部门对许多国家的就业创造、收入增加和生产都有非常重要的影响。在人口快速增长和高度城镇化国家，大部分的劳动人口增长都产生于非正规部门。非正规部门提供的工作常常以缺乏法律认同、恶劣的工作环境、未加入社会保障体系、高工伤事故、高疾病发生率以及有限的社团自由而知名。了解投入非正规部门的人员数量是考虑政策响应需求的内容及其程度的出发点。

KILM 8 包括非正式就业的国家评估。表 8 结合了非正式经济活动的两种测量方法：非正式行业就业，这是一种以企业为基

础的测量方法，由第 15 届 ICLS 提出；另一种方法是非正规部门就业，一种更广泛的以工作为基础的测量方法，由第 17 届 ICLS 提出。后者包括非正规行业企业所雇佣的人员和非正规行业以外的非正规就业（拥有非正式工作的就业者）人员，以及正规或非正规行业企业中有贡献的家庭工作者和从事以本家庭为最终用户的商品生产的自营工作者。非正规就业及其子分类以其占非农就业总人口的比例表示。

KILM 9. 失业

失业率可能是最基本的劳动力市场测量指标，也一定是被许多国家的媒体引用最广泛的指标。其与劳动力参与率（KILM 1）和就业人口比率（KILM 2）为定期收集劳动力市场相关信息的国家提供了最广泛的经济活动可用指标和劳动力市场状态信息。失业率向我们展示的是当前未参加工作但是能够工作且正积极寻找工作的劳动人口的比例。其不能被误解为对经济困境的测量，即使两者之间常常存在某种联系。表 9a 提供了由 ILO（像表 1a 和表 2a 一样）估计的按照性别分类的失业率的统一系列数据；表 9b 列出了可能情况下按照性别分类的总失业人数的国家估计；表 9c 说明的是以被雇佣后失去工作或失业后找到工作的可能性（风险率）计算的失业人口的流入和流出。

本解决方案是关于第 19 届 ICLS 所采纳的工作、就业和劳动力利用不充分的统计，其更新并替代了第 13 届 ICLS 所采用的关于经济活动人口、就业、失业和不充分就业统计的解决方案，将失业人员定义为在参考期内所有那些达到工作年龄却没有工作、目前可以参加工作和寻找工作的人员。但是，应当确定的是失业的国家定义和范围会因为年龄限制、寻找工作的标准、对临时解雇人员等的处理、对就业前景失望或第一次寻找工作等因素的不同而有所不同。

KILM 10. 青年失业

青年失业问题是许多国家在各个发展阶段都会遇到的重要政策问题。虽然对年龄的定义确实存在国别差异，但在这一指标中，术语“青年”是指 15—24 周岁这个年龄段的人群，而“成年人”是指 25 岁及以上年龄段的人群。该指标用四种指标介绍了青年失业：（a）青年失业率；（b）青年失业率占成年失业率的比例；（c）青年人在总失业人数中的比例；（d）青年失业人数占青年人口的比例。

KILM 10 中的各种指标应该放在一起分析；分别对这四种指标进行独立的分析会造成结果失真。例如，一个国家可能拥有较高的青年—成年失业比率，但其青年人口占总就业人口的比率却可能较低。对青年失业人数占青年人口的比例的介绍表明了大部分青年人从非劳动力范围进入到失业人口范围这一事实。总之，这四个指标比较全面地表现了青年人在寻找工作中面临的问题。表 10a 列出了 ILO 估计的按照性别分类的青年失业率的统一系列数据（像表 1a、表 2a 和表 9a 一样）；表 10b 囊括了可能情况下按照性别分类的总青年失业人数的国家估计。表 10c 以未参加就业、教育或培训（“啃老族”）的人群占青年人口百分比的数据补充说明了青年劳动力市场的情况。除非注释中另有说明，“啃老族”比率是针对 15—24 周岁年龄段的青年人提出的。

KILM 11. 长期失业

失业持续的时间越长，负面影响越大。通常情况下，短期失业可以通过失业补助、储蓄，或者家庭成员援助等方式解决。然而，一年及一年以上的失业可以引起重大的经济困难，尤其是没有失业补助或失业补助被消耗殆尽的时候。在发展中经济体中，长期失业常常被认为是不太重要的指标，失业补助不足及大部分人因而无法承担长期失业的事实导致失业的持续时间往往会比较短，因此，可以获得的本指标的大部分信息均来自更加发达的经济体。这些数据尽量按照性别和年龄组分类（总人数、青年和成年人）。

表 11a 包括两种独立的长期失业测算方

法：（a）失业一年或一年以上的人群占劳动力的百分比；和（b）失业一年或一年以上的人群占总失业人数的百分比（长期失业的发生率）。表 11b 列出了不同失业时间的失业人数（以及这部分人占总失业人数的比例）：（a）低于 1 个月；（b）1—3 个月；（c）3—6 个月；（d）6—12 个月；（e）12 个月及以上。这些数据按照性别和年龄组分类（总人数、青年和成年人）。

KILM 12. 与时间相关的不充分就业

不充分就业反映了劳动人口生产能力的不充分利用。与时间有关的不充分就业是在劳动统计学家国际委员会中已经被商定和合理定义的不充分就业的首要组成成分。有关这一指标的国际定义于 1982 年由第 13 届 ICLS 采用，并于 1998 年由第 16 届 ICLS 修订，随后又在 2013 年由第 19 届 ICLS 进行更详细的说明。其囊括了所有就业人员中"希望增加工作时间、所有工作时间少于指定时间临界值以及可以增加工作时间以获得更多工作机会"的人群。

该指标在描述提高就业相关问题方面和评估国家生产过程中可用人力资源的就业程度方面非常重要。这一指标还为就业、收入和社会项目的设计和评估提供了有益的见解。本指标以与时间有关的未充分就业占总就业的百分比来计算。

KILM 13. 非劳动力人口

未参与率的定义是既未工作又未寻找工作（即不在劳动人口之内）的人口所占的比例。表 13 中显示了 15 +、15—24、15—64、25—34、25—54、35—54、55—64 和 65 + 年龄组的未参与率。25—54 年龄组应该引起特别的注意，因为这一年龄组被认为是"最重要"的年龄段，其代表了通常希望加入劳动人口、一般已经完成学业而又未达到退休年龄的个人；因此，可以通过这一年龄组探讨为何这些潜在劳动人口没有参与劳动。尤其值得注意的是，未参与劳动的女性比例能反映出一个国家的社会风俗、对女性劳动人口的态度和大体的家庭结构等方面的众多信息。

当把未参与率加入到劳动力参与率（KILM 表 1a）中的相应群组中时，总数应该等于 100%。表 13 中的数据已经被统一，以说明国家数据收集和制表方法以及诸如兵役服务要求等其他国家因素方面的不同。本系列包括国家报道和估算的数据，只有国家级别的估算才能被纳入，也就是说，本数据不存在地域限制。

KILM 14. 受教育程度和文盲

劳动力的技能水平在劳动力市场表现和国家竞争力方面日益重要。与受教育程度相关的信息是目前能描述劳动力技能水平的最佳指标。这些指标是一个国家在世界市场上成功击败其他国家以及有效利用快速发展的技术的重要决定因素；这些指标也是决定工作者就业能力的因素之一。

表 14a 列出了劳动力受教育程度的信息，这些数据尽可能按性别和年龄分组（总人数、青年和成年人）。表 14b 展示了不同教育程度的失业人口的分布情况，并将数据尽可能按性别和年龄分组（总人数、青年和成年人）。表 14c 列出了受教育程度，分别为初级及以下、中等教育、高等教育的人群的失业率。从概念上讲，这三个指标中所使用的分类是以国际教育标准分类（ISCED）水平为基准。ISCED 是联合国教科文组织（UNESCO）指定的专门用于国内和国际性汇编、编译和提出可比性指标和教育统计的工具。最后，表 14d 列示的是所测量的文盲人口（总人数、青年和成年人）。

KILM 15. 薪酬补偿成本

工资是工作者的购买力水平和趋势的一种衡量手段，它是工作者生活水平的近似值。补偿成本是对雇主向其雇佣的劳动力就业支出的估计。从这个意义上说，这些指标在其反映的现有工资衡量措施的两个主要方面互补；其中一方面的目的在于追踪员工的收入，另一方面表现了雇主雇用员工所产生的费用。平均工资方面的信息是劳动力市场信息中最重要的信息之一。因为工资是收入的物质形式，为大部分经济活动人口所有，工资水平的信息在评估发达经济体和发展中经济体中这部分工作者的工作和生活的水平和条件时非常重要。

平均小时补偿成本代表的是雇主的成本，其目的是衡量雇主为补偿员工一小时劳动时间而向员工支付的福利。这些福利要么直接用员工获得的总收益表示，要么以雇主对强制性、契约性和私营社会保障方案、养老金计划、意外伤害或人寿保险方案及与其员工有关的福利计划的支出表示。

表 15a 列出了名义平均月工资和实际平均月工资（例如，消费价格经调整后的工资）的趋势。名义平均工资和实际平均工资都以本国货币为单位。这让数据用户所计算的名义和实际工资增长率不会因外汇汇率的波动而失真，同时还能让数据用户将工资数据和其他以本国货币表示的数据联系起来。表 15b 列出了制造业中雇主向其雇佣的工人支付的小时补偿费用的水平、趋势和结构。总补偿被分成“小时直接工资”，而“小时直接工资”又被分成“计时工作工资”、“直接发放的福利”和“社会保险开支和劳动力相关税费”；在表 15b 中的所有变量都以美元为单位。

KILM 16. 劳动生产率

生产率与小时补偿成本结合可以用来评估劳动力市场的国际竞争力。某一国家或部门的经济增长可能是由增加的就业或已雇佣员工的工作效率的增加而产生。后者可以通过劳动生产率的相关数据进行说明。因此，劳动生产率是衡量经济表现的一个重要方法。了解劳动生产率背后的驱动力，尤其是机械设备的累积、物质和制度性基础设施的改善、工人健康和技能的提高（“人力资本”）以及新技术的产生，对制定促进经济增长的政策尤其重要。

劳动生产率是指投入的劳动力的单位产出量。表 16a 列出了两种衡量方法：人均 GDP 和每小时工作产生的 GDP，都以 1990 年的美元数据表示，而且指数为 1990 = 100，相关信息摘自世界大企业联合会。表 16b 提供了 ILO 对劳动生产率的估计，该劳动生产率按照 PPP（购买力平价）以 2005 年国际美元的人均 GDP 和按照市场汇率计算的 2005 年不变美元表示。

KILM 17. 贫困、收入分配、按照工作贫困和经济类别划分的就业

如果个人无法从其劳动中获取足够收入，以维持最低的生活标准，那么就会产生贫困。因此，贫困程度将被视为劳动力市场运作的结果。因为劳动力常常是贫困个体最重要的资产——即使不是唯一的资产，改善福利水平最有效的方法是通过教育与培训增加就业机会，提高劳动生产率。

对某个国家中贫困人口数量的估计应取决于贫困线的选择。这一最低基本需求的临界值是根据主观判断得出的，并因为文化和国家重点的不同而有所差异。定义的差别为进行国际比较带来困难。因此，除了表 17a 中显示的国家贫困测量和基尼系数，这一指标还提出了按经济情况分类的就业数据，表现了人均消费属于某一给定的阈值的就业群体。通过将劳动力市场特征和家庭消费分类数据结合，按经济类别分组的就业估计更清晰地说明了经济状态和就业之间的关系。因为就业和物质幸福之间存在重要联系，对这些二分量进行两两评估为全世界生产性就业的产生、贫困减缓和中产阶级增长的动态提供了更加详细的观点。

电子版 KILM

国际劳工组织（ILO）希望能通过出具电子形式的 KILM 数据而赢得更多的用户。和之前的版本一样，KILM 第九版的电子版本包含指标的所有数据集以及一个 Excel 插件和互动软件，用户可以根据具体需要，通过这个软件选择、查询不同国家、年份、来

专栏 1c. 关于工作、就业和劳动力未充分利用的统计的决议

2013 年 10 月，第 19 届 ICLS 采用了一个“关于工作、就业和劳动力未充分利用的统计的决议”，在此决议中，工作领域的几条概念被重新定义，同时还引入了一些新概念（ILO，2013）。该决议的逐步推行将为如何编辑统计资料带来一些变化。

虽然 KILM 中（就业与失业等统计所依据的概念的核心保持不变，尽管总劳动力市场框架已经扩张，并引入了劳动力利用不足的新测量方法）的数据暂时没有出现变化，但这一新解决方案将会对劳动力市场统计的未来编辑——尤其在与工作概念和就业以外的工作形式相关的指标方面——产生影响。

就业统计的一个实质性变化是“五个用于分开测量的互斥型工作种类的引入。这些工作种类根据生产的预期目标（自己为最终用户；或他人为最终用户）和交易性质（例如货币性或非货币性交易和中转等）的不同而有所不同，如下所述：

（a）自用生产工作是指自己为最终用户的产品生产和服务；

（b）就业工作是指为获取工资或报酬而为他人执行的工作；

（c）无报酬实习工作是指为获取工作经验或技术而无报酬地为他人执行的工作；

（d）志愿工作是指为他人执行的非强制性、无报酬性工作；

（e）本解决方案未定义的其他工作行为”（第 7 段）

此外：“就业人员是指在相对短的参考期内所有那些达到工作年龄、为获得工资或报酬而从事任何商品生产活动或提供服务的人员。包括：

（a）‘正在工作’的从业人员，例如至少已经工作了一小时的人员；

（b）由于临时缺勤或由于工作时间安排的原因‘未工作’的人员（例如轮班工作、弹性上班制和加班补休等）”（第 27 段）。

本决议扩展了失业的定义，将“寻找就业”的案例和三种特殊定义的求职者人群加入到失业的范畴：

“（a）随时可以开始工作者，包括那些‘未就业’并‘目前可参加工作’但并未‘寻找工作’的人员……因为在随后的短时间内他们已经为开始工作做好准备，这一时间段是根据国家背景而设置的开始新工作的等待时间的总长度，通常不会超过 3 个月；

（b）技能培训、就业促进项目中再培训计划的参与者，在此基础上，这些参与者‘未就业’，并且不是‘目前可参加工作’，同时也未‘寻找工作’，因为他们在随后的短时间内（通常不会超过 3 个月）已经取得了工作机会；

（c）那些为移居国外从事具有工资或报酬的工作而采取行动、但仍然在等待离开机会的‘未就业’人员（第 48 段）。”

与时间有关的不充分就业人群的定义被扩展为“所有在相对短的参考期内希望增加工作时间、所有工作时间少于指定时间阈值以及可以增加工作时间以获得更多工作机会的人群，其中：

（a）‘工作时间’的概念为实际工作时间或日常工作时间，这一概念依靠测量目标（长期或短期情况）和国际统计标准对此的描述得出。

（b）‘增加工作时间’可以指增加同一工作的时间、增加额外工作的时间或增加替换工作的时间；

（c）‘时间阈值’是基于全职和兼职工作的界限，就业中所有人员日常工作时间

专栏 1c. （续）

的中位数或最常见值，或为特殊工作人群设置的、根据相关立法或国家实践而规定的工作时间标准而设置的；

（d）‘可以’增加工作时间的确定应该根据国家背景设置的能反映离开一项工作并开始另外一项工作而需要的典型时间长度的短期参考期（第 43 段）。”

有关本决议的更多信息和细节，请参见 http：//www. ilo. org/global/statistics - and - databases/meetings - and - events/international - conference - of - labour - statisticians/19/lang - - en/index. htm.

源类型和其他自定义功能的指标。每当用户打开该程序（如果连接到互联网），其会自动下载进行数据更新。如果用户没有连入互联网，系统会以邮件的方式提醒用户进行更新，前提是这些用户已经填写了注册资料。用户可从网址 www. ilo. org/kilm 处下载 KILM 程序。

用户还可以直接从 KILM 的网页上获取 KILM 数据库，包括 17 个关键劳动力指标的国家级数据和解释其用途、定义和基本趋势的说明性文本，比以前更简便。用户可以方便快捷地查找 KILM 指标，并直接从互联网上以电子表格的格式显示、导出数据。应用此软件，KILM 指标可以直接从网址 www. ilo. org/kilm 上下载。

参考文献

International Labour Office (ILO). 1999. *Decent Work*, Report of the Director-General, International Labour Conference, 87th Session, Geneva, 1999 (Geneva).

—. 2003. *Working out of poverty*, Report of the Director-General, International Labour Conference, 91st Session, Geneva, 2003 (Geneva).

—. 2007. KILM, 4th edn (Geneva).

—. 2009. KILM, 6th edn (Geneva).

—. 2010. *Women in labour markets: Measuring progress and identifying challenges* (Geneva). Available at: http://www.ilo.org/empelm/pubs/WCMS_123835/lang–en/index.htm.

—. 2011. KILM, 7th edn (Geneva).

—. 2013. *Resolution concerning statistics of work, employment and labour underutilization*, adopted by the 19th International Conference of Labour Statisticians, Geneva, Oct. Available at: http://www.ilo.org/global/statistics-and-databases/standards-and-guidelines/resolutions-adopted-by-international-conferences-of-labour-statisticians/WCMS_230304/lang–en/index.htm.

Sparreboom, T.; Albee, A. (eds). 2011. *Towards decent work in sub-Saharan Africa: Monitoring MDG employment indicators* (Geneva, ILO). Available at: http://www.ilo.org/global/publications/ilo-bookstore/order-online/books/WCMS_157989/lang–en/index.htm2.

United Nations (UN). 2005. *World Summit outcome*, resolution adopted by the high-level plenary meeting of the 60th Session of the General Assembly, 20 Sep., A/60/L.1 (New York).

World Commission on the Social Dimension of Globalization (WCSDG). 2004. *A fair globalization: Creating opportunities for all* (Geneva). Available at: http://www.ilo.org/public/english/fairglobalization/index.htm.

教育与劳动力市场：浅析全球 KILM 格局[1]

1. 引　　言

教育和培训永远是一个国家提高生产率和增强人民获得高质量就业机会的核心手段。劳动力的受教育程度和技能水平对个人和国家都有显著影响。因此，有效的政策制定应该依赖于对教育趋势和劳动力市场趋势之间的联系和这些趋势如何影响个人和国家的了解。

一般而言，较高的教育程度往往与劳动力市场的成功相联系，其能提供个人更好的职业机会，并使个人更不容易失业。如果受过高等教育的个体失业，有可能是因为他们希望凭借自己的技能水平投入到他们认为更加适合的工作中去。受教育程度对劳动力市场的影响不仅包括个人就业机会的影响，还包括对工作环境质量方面的影响且更高的受教育程度与更高的薪酬相关。总的来说，接受过超出工作需要的教育的个人（所在工作的技能要求低于其本身拥有的技能的个人）工资比那些工作相同却只拥有本职技能的员工的工资更高（Rubb，2003）。

受教育程度还会影响有关工作环境的其他重要方面。例如，合同类型、工作时间安排等。较高的受教育程度使得工作者可以担任更好的职位，获得更令人满意的雇佣条件。但是，在高度分化的劳动力市场，临时工作和短期合同很常见，而正式的长期合同并不多，人力资本可能会与工作保障程度交易。在这种情况下，拥有的技能比职位技能要求更多的员工比短期工更容易获得长期工作（Ortiz，2010）。因此，教育会在一定程度上防止弱势就业现象。研究表明弱势就业中受教育程度为初级及以下的青年工作者的比例大于非弱势就业中拥有同等教育程度的青年工作者的数量（Sparreboom 和 Staneva，2014）。

从国家层面而言，在特定国家，劳动人口中受过高等教育的成年人的比例与该国的人均收入（经济合作与发展组织 OECD 和加拿大统计局，2000；Holland、Liadze、Rienzo 和 Wilkinson，2013）呈正相关关系。一个针对 18 个发展中国家的研究表明，在所分析的大部分国家中，全国识字率增加伴随着较高的国民经济增长率。也就是说，人力资本对经济增长有明显的积极影响（Vinod 和 Kaushik，2007）。此外，更高的受教育程度还会促成收入不平衡降低，教育方面的国民支出（每位学生）会极大地影响一个国家的收入分配（Keller，2010）。

对教育和劳动力市场之间的重要联系的研究常常侧重于发达国家。虽然对发展中国家的相应动态了解的较少，但是以上引用的凯勒（Keller）的研究结果着重强调了欠发达国家的情况。这表明即使受教育水平在一

1　本章研究由罗西娜·珈玛拉诺（Rosina Gammarano）和伊夫·帕拉德（Yves Perardel）在 ILO 统计部同事的协助下共同完成。劳拉·布鲁尔（Laura Brewer）、萨拉·埃尔德（Sara Elder）、劳伦斯·杰夫·约翰逊（Lawrence Jeff Johnson）、李明宪（Sangheon Lee）、桑德拉·波拉斯基（Sandra Polaski）和西奥·斯帕瑞布姆（Theo Sparreboom）对本章研究提供了有益见解。

专栏 1.1　劳动力市场和教育数据：统计问题

在利用与教育有关的数据，尤其是与教育有关的劳动力市场数据时，KILM 面临很多问题。第一个问题是数据的可用性。这类数据的首选资料源是劳动力调查，因为这些调查提供了个体受教育程度和劳动力市场状态方面的可靠信息。其他调查，如户口调查和人口普查也可以用作数据源。这意味着，在通常情况下，那些没有进行适当的定期劳动力或户口调查的国家无法获取按照受教育程度划分的劳动力市场数据的可靠、频繁统计资料。

其他主要问题与教育统计的国际可比性有关。国民教育体系的结构、工作所要求的教育水平、甚至教育传统都严重依赖国家环境。虽然对教育水平的划分存在国际统一标准（国际教育标准分类，2011 年版本），但无法确定 KILM 所使用的国别教育分类总能与这一标准分类准确匹配。

如何定义一个人的教育水平也可能出现混乱。理想情况下，在进行跨国比较时，所有数据应该参考最高受教育水平，而不是个人当前已经注册或开始水平，或已完成的教育水平。但是，由于数据通常来源于户口调查，最终采用的实际定义会不可避免地取决于每位被调查人自己的解释。

些发展中国家中仍然比较低，也有必要对这些联系进行进一步探讨（国际劳工组织，2015）。

为此，KILM 第九版提出了能直接解释教育和劳动力市场关系的四大指标，列出了大量国家在不同发展阶段的时间序列数据。与这四大指标相对应的有：表 14a，着眼于以受教育程度划分的劳动力人口，按照性别和年龄分组（总人数、青年和成年人）；表 14b，列出了以受教育程度划分的失业人口，按照性别和年龄分组；表 14c，表现了以受教育程度划分的失业率，也是按照性别和年龄分组；表 10c，包括按照性别和年龄划分的未参加教育、工作或培训（NEET）的人群的比例。

在本章中，我们利用大量资料研究了教育和劳动力市场之间的联系，具体而言，我们利用大量数据检验受教育程度和劳动力市场结果之间是否存在预期的联系，并用可用数据证实了我们的检验。KILM 的优点在于能让我们从全球视角进行此项研究，展现了发达国家和发展中国家以及不同地区的数据形态。

本章第二节通过分析所有数据可用的国家在过去 10—15 年四大指标的趋势来进行探讨。这表现了全球劳动人口的受教育程度的演变的概况。本章第三节通过对比四大教育相关指标和其他 KILM 指标［即劳动生产率（表 16a）、就业人口比率（表 2b）和就业状态（表 3）］更详细地调查了教育、劳动力市场结果和经济表现之间的联系。

本章第四节针对相同的指标，更详细地考察了 12 个选定国家的情况。这些选定的国家被用来代表所有的按照世界银行以收入划分的国家的分组（按照人均 GNI），即低收入国家、中等偏下收入国家、中等偏上收入国家和高收入国家。所有这 12 个国家的数据可从 KILM 中获得，这些分组国家也遍布于世界各地。本章第五节进行了总结。

2. 指标分析下的全球趋势

本节中提出了 4 个 KILM 指标并对比了所有数据可用国家在 2000 年（或能获取的

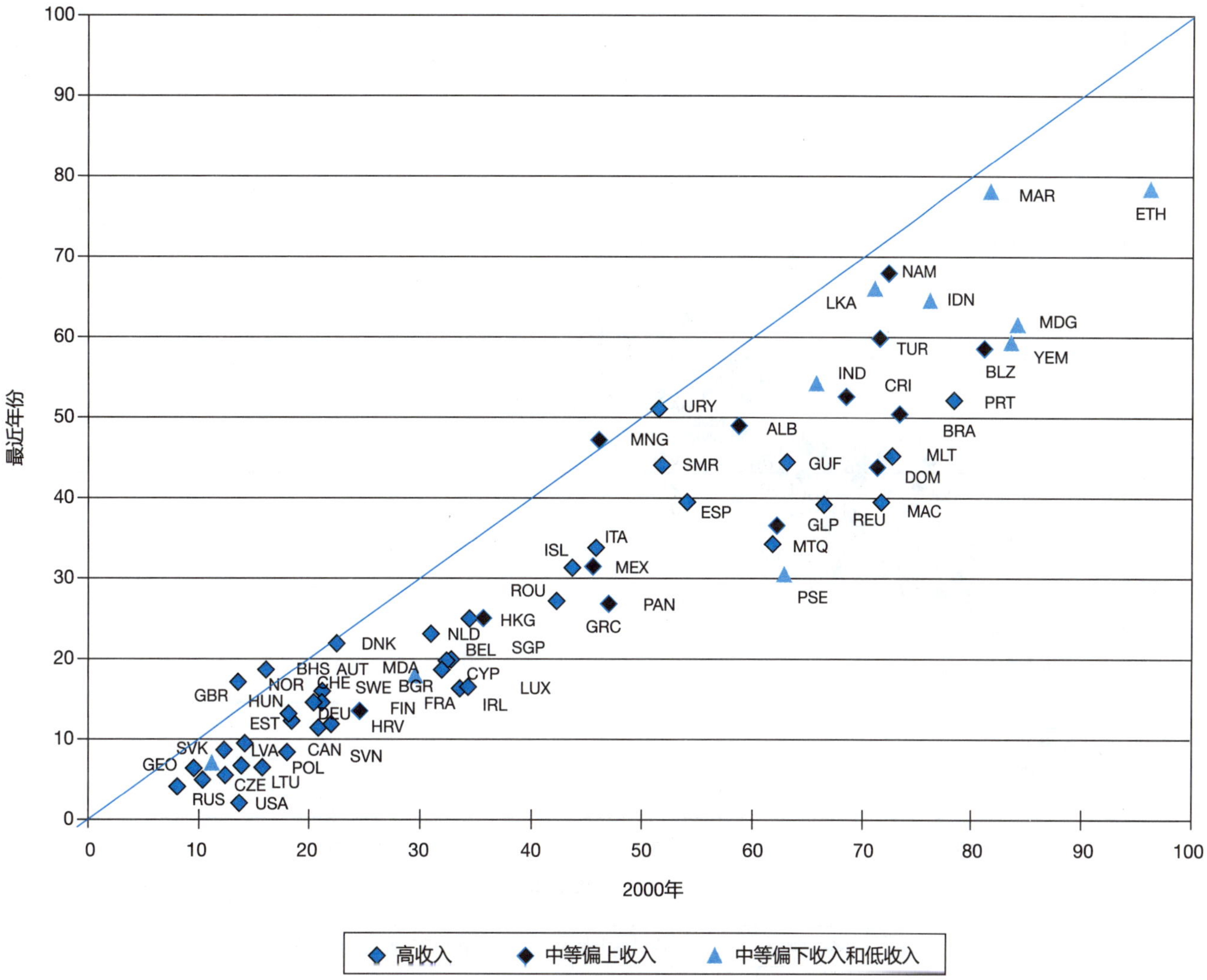

图 2.1　初级教育水平或低于初级教育水平的劳动力比例（%）

注：在本章所有散点图中，国家均按照相应 ISO 3166 国家及地区代码三个首字母表示。代码的完整列表附于本章最后的附录中，也可从网站 https：//www. iso. org/obp/ui/#search 中下载。

资料来源：KILM 第九版，表 14a，15 周岁以上，1997—2004 年和 2009 年后最近可获取年份的数据。

最近年份）和最近年份的可用数据，[1] 目的是了解过去 15 年间所发生的改变，揭示这些关键指标的所有趋势。

2.1　受教育程度影响下的劳动力分布

KILM 的表 14a 提供了按照受教育程度划分的劳动力分布数据。图 2.1 特别列出了初级教育水平或低于初级教育水平的劳动力的比例。

一项重要发现是，在世界范围内，劳动人口的受教育水平正在提高。在 64 个数据可用的国家中，只有 3 个国家初级教育水平或低于初级教育水平的劳动力比例上升了。大部分发达国家初级及以下教育水平的劳动力比例在 2000 年就已经非常低，所以他们在过去的 15 年间只出现了中等下降，没有明显的变化。相对而言，虽然中等偏上收入国家和低收入、中等偏下收入国家的教育基础比较低，但是他们似乎已经出现了更加明显的改善。中国澳门和巴勒斯坦初级及以

1　在 2000 年数据无法获取的情况下，我们选择的是 1997—2004 年数据可获得的最近年份。数据可获得的最近年份总是在 2009 年之后。

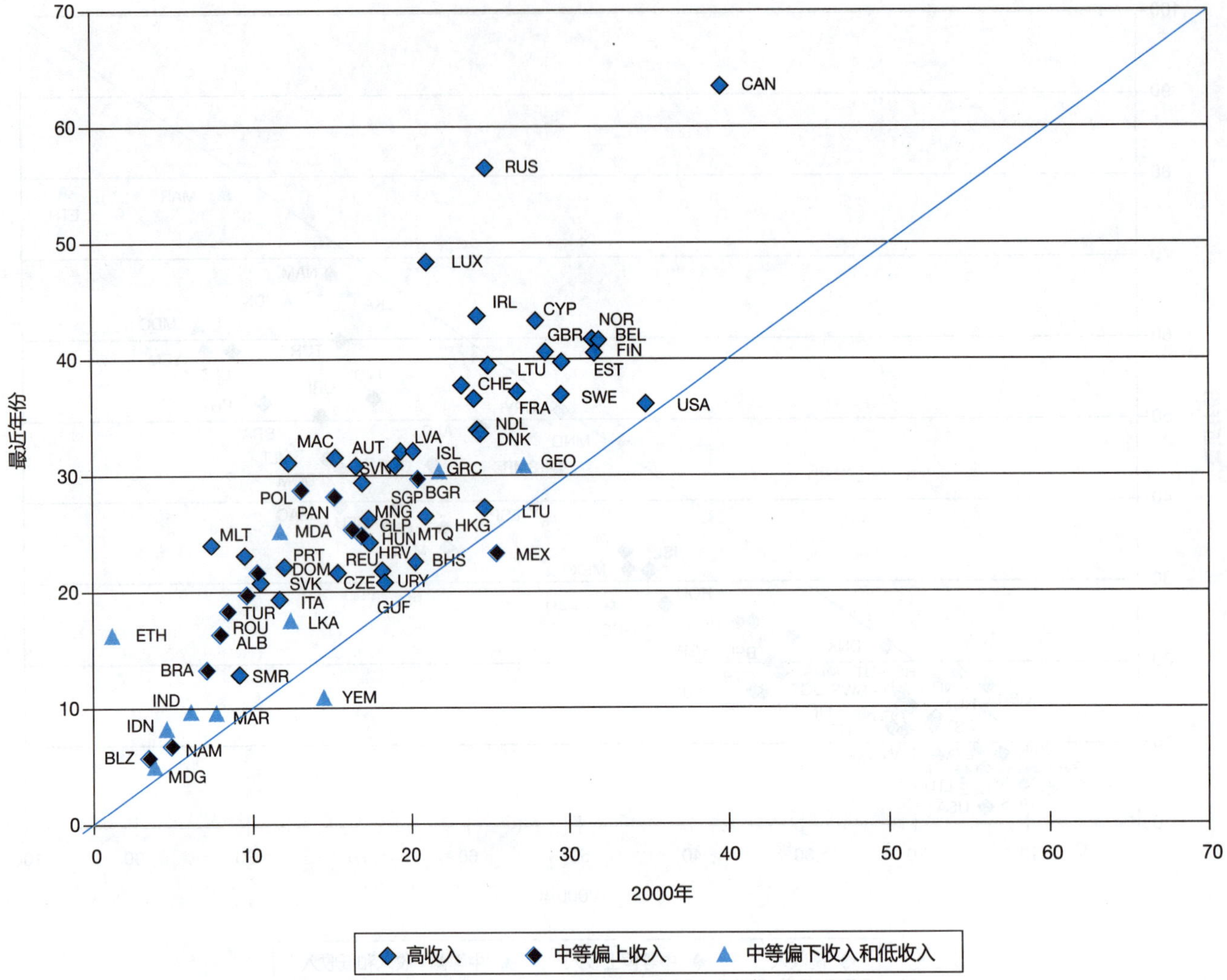

图 2.2　高等教育程度的劳动人口比例（%）

资料来源：KILM 第九版，表 14a，15 周岁以上，1997—2003 年和 2009 年后数据可获取的最近年份数据。

下教育水平劳动力比例有非常明显的下降，下降幅度约为 30 个百分点。所以，由此可以推测受教育程度高于初级的人口比例上升了。

研究受教育水平更高的劳动力的比例变化以确定那些初级及以下教育水平劳动力下降的地区在深化教育方面的进步是尤为重要的，特别是确定接受高等教育的人口比例—个国家高等教育程度的劳动人口数目的上升可以促进增加值更高的商品和服务的生产扩张，加速生产率增长，从而支撑经济增长和发展。相应地，高等教育程度人口比例的变化见图 2.2。

与图 2.1 所观测到的趋势一致，图 2.2 还表现出这期间高等教育程度的劳动人口比例的普遍提高。在 64 个数据可用的国家中，62 个国家的比例增加了：最让人印象深刻的是加拿大、卢森堡和俄罗斯联邦，上涨幅度超过 20 个百分点，使得这 3 个国家位居可获取的最近年份高等教育程度的劳动人口比例最高的一批国家之列。相反，墨西哥和也门两个国家高等教育程度的劳动人口比例表现出（中等）下降趋势。

其中需要特别记住的一点是，在研究高等教育人口的数据时，要注意区分职业教育和本科教育的不同，因为在许多国家，职业教育对生产率和可持续增长有非常重要的影

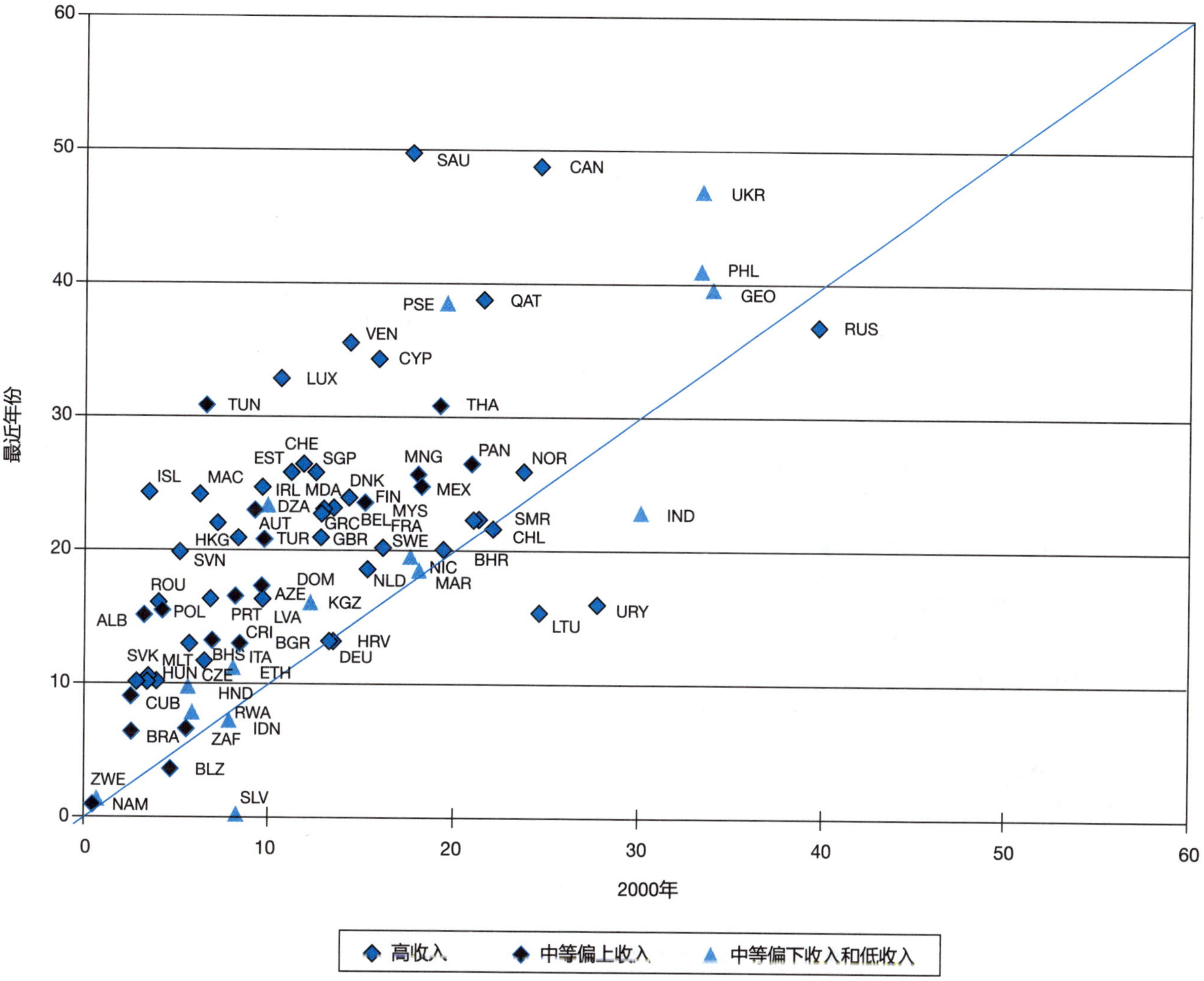

图 2.3 高等教育程度的失业人口比例（%）

资料来源：KILM 第九版，表 14b，15 周岁以上，1997—2003 年和 2009 年后最近可获取年份的数据。

响。然而，职业教育被认为是中等教育还是高等教育，各个国家观点并不统一，这让我们的研究更加困难。

2.2 受教育程度影响下的失业分布

尽管总体劳动力供应的受教育程度是评估一个经济体的生产潜力的重要指标，但是如果没有充分合适的就业机会，受教育水平更高的劳动力的宏观经济效益可能无法实现。评估失业人群和劳动力的教育背景为劳动力市场中供求失衡的分析提供了重要依据。

KILM 表 14b 列出了按照受教育程度分类的失业分布。图 2.3 展示了 76 个数据可获得的国家 2000 年（或可获得的最近年份）高等教育程度的失业人口比例和最近可获取年份的受过高等教育的失业人口比例的对比情况。

在这些国家中，只有 10 个国家 2000 年和最近可获取年份间高等教育程度的失业人口比例有所下降。高等教育程度的失业人口比例的增加趋势与大多数国家经历的劳动力受教育程度上升一致。但是，这一发现也表明更高的受教育程度对防止失业的效果越来越差。在沙特阿拉伯和加拿大，高等教育程度的失业人口比例在过去这些年增加了一

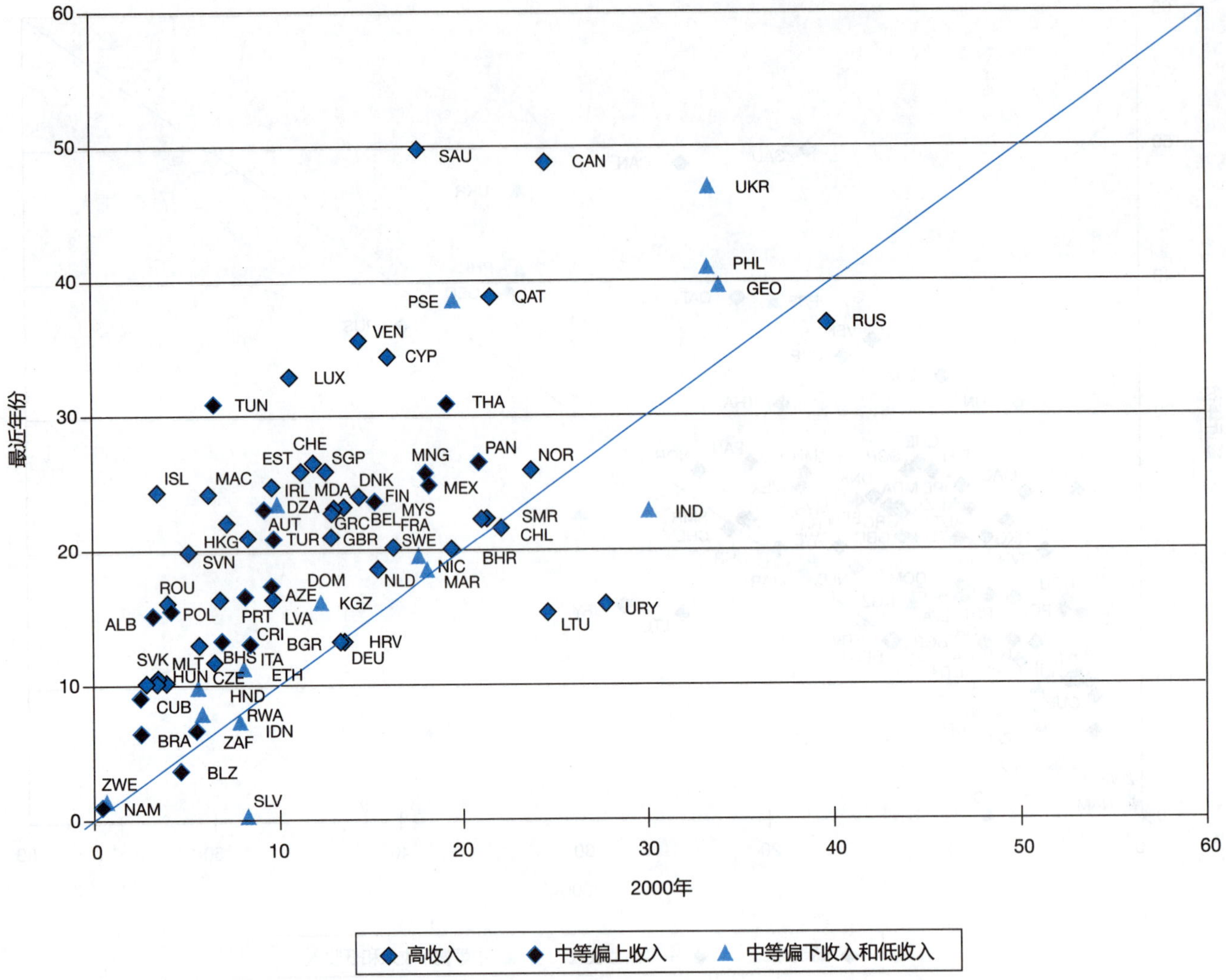

图 2.4 高等教育程度的青年失业人口比例（%）

资料来源：KILM 第九版，表 14b，15—24 周岁，1997—2003 年和 2009 年后最近可获取年份的数据。

倍。在突尼斯，高等教育程度的失业人口比例更出现了巨大的增长，从 6.6% 增加到 30.9%。

图 2.4 重点列出了青年人的情况，特别是过去 10—15 年间高等教育程度的失业人口比例的变化。

在 33 个数据可获取的国家中，只有 5 个国家高等教育程度的青年失业人口比例出现下降。值得注意的是西班牙的趋势，因为在这段时间里，该国的高等教育学历似乎能让年轻一代不受失业急剧增加的影响。相比之下，在其他国家，如塞浦路斯、摩尔多瓦和蒙古国，高学历的青年人似乎面临着就业瓶颈。这意味着在劳动力市场没有足够的专业和高水平技术工作能吸纳技术熟练的个体。但是，对这些结果进行解释时仍需小心谨慎，因为高等教育常常是在青年阶段即将结束之时（15—24 周岁）完成的。

2.3 受教育程度影响下的失业率

KILM 表 14c 列出了按照受教育程度分类的失业率。在这种情况下，表 14c 提供了对不同教育和技能水平的工作者的需求变化的考量。图 2.5 剖析了高等教育程度的人口失业率。

与本章研究的前两个指标相比，高等教

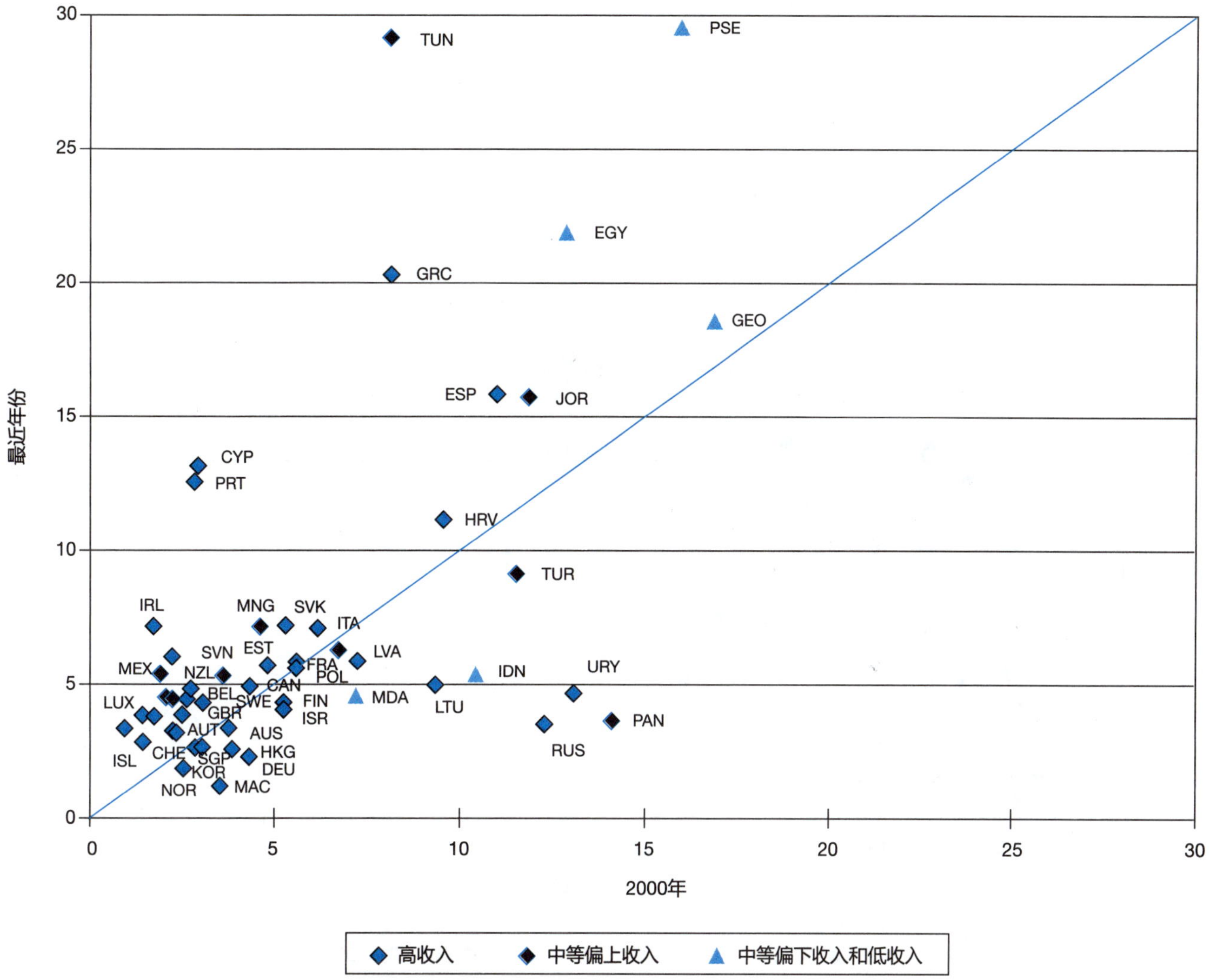

图 2.5　高等教育程度的人口失业率（%）

资料来源：KILM 第九版，表 14c，15 周岁以上，1997—2003 年和 2009 年后最近可获取年份的数据。

育程度的人口失业率过去 10—15 年间的数据表现出明显的趋势——更加分散。在 53 个数据可用的国家中，有 35 个国家的劳动力市场中学历最高的人群的失业率在这一阶段有所上升。这种情况在突尼斯尤其突出，突尼斯高等教育程度的人口失业率增加幅度超过 21 个百分点。巴勒斯坦被占领土、希腊和塞浦路斯的增加幅度超过 10 个百分点。在埃及和格鲁吉亚，虽然高等教育程度的人口失业率在 2000 年就处于高水平，但在研究阶段这一比例仍然持续上升。相反，18 个国家高等教育程度的人口失业率出现了下降。降幅居前的三个国家（每个国家都大约为 10 个百分点）的是乌拉圭、巴拿马和俄罗斯联邦。

为了评估教育水平和失业之间的关系，高等教育程度和初级或以下教育程度的人群的各自情况比较非常重要。图 2.6 列示了后一组人群的结果。

这一次的结果仍然相当分散，并且没有形成明显的模式。在收录的 53 个国家中，19 个国家初级及初级以下教育水平的人口失业率出现了下降。在一些拉丁美洲国家，如乌拉圭和巴拿马，初级及初级以下教育水平的人口失业率也明显下降，受过高等教育的人口失业率也是如此。但是，在巴勒斯坦

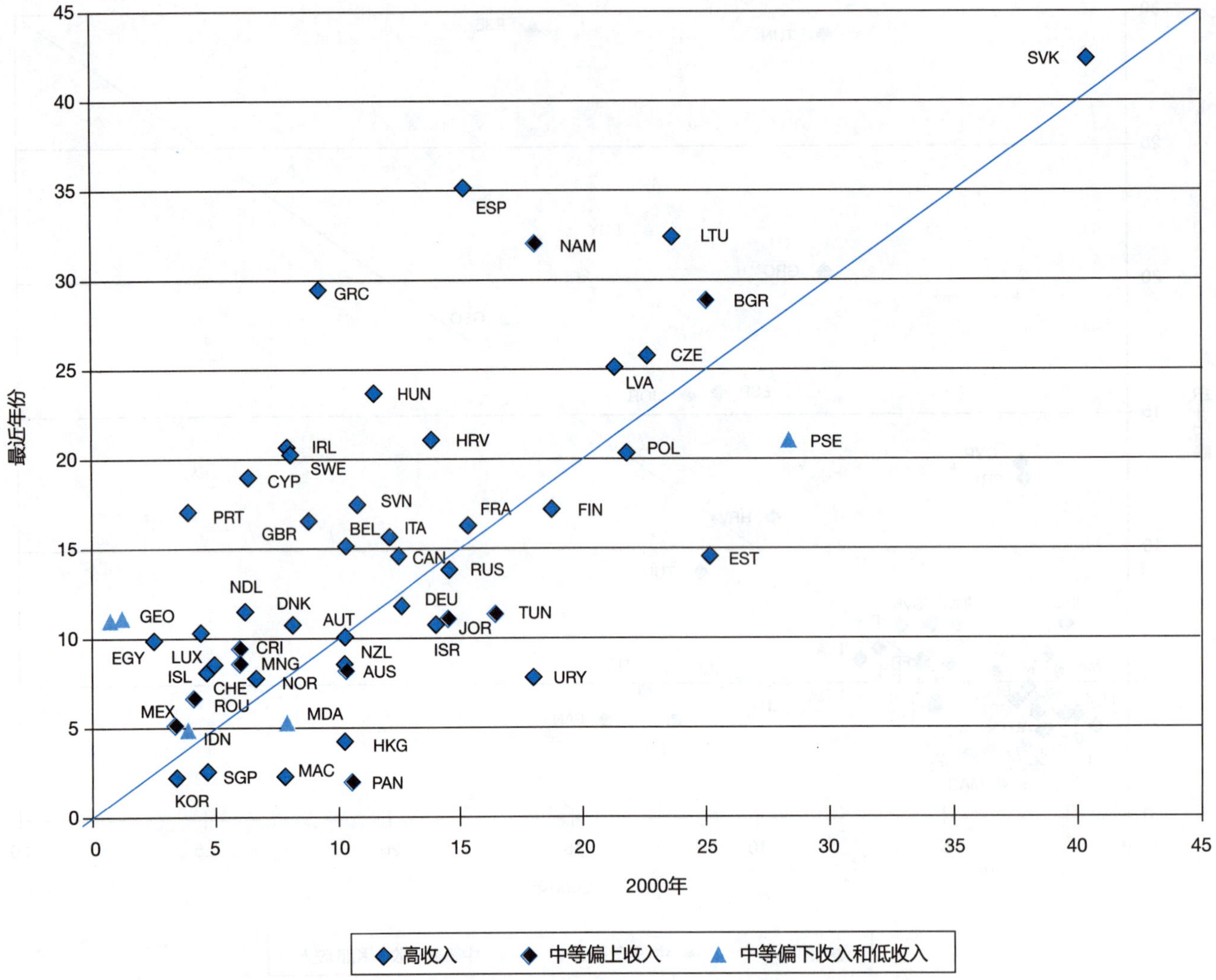

图 2.6　初级教育水平或低于初级教育水平的人口失业率（%）

资料来源：KILM 第九版，表 14c，15 周岁以上，1997—2003 年和 2009 年后最近可获取年份的数据。

被占领土中，学历最高的人群的失业率则出现了上升，而初级及初级以下教育水平的人群的失业率却下降了 7.3%。因此，在一些发展中国家中，受教育程度更低的劳动力似乎更不容易失业。相反，在西班牙和希腊，初级或初级以下教育程度的人口失业率竟然各自增加了 20%，表明 2008 年后经济危机对这两个国家造成的严重影响。值得注意的是，2013 年西班牙初级及初级以下教育水平的人口失业率（35.1%）是高等教育水平人口失业率的两倍多（16%）。在斯洛伐克，初级及以下教育水平的人口失业率仍然很高，而在西班牙，最高失业率发生于拥有最低学历的人群中。

根据不同教育水平下失业率的总体趋势，53 个数据可用的国家中有 41 个国家的劳动人口中拥有高等教育程度的人群面临失业可能性最低。37 个高收入国家中有 34 个国家的高等教育毕业生的失业可能性最低，但在 16 个中等收入国家中，仅有 7 个国家如此。根据过去 15 年的失业率变化，53 个国家中有 19 个国家的高等教育人群、24 个国家的中等教育人群和 10 个国家的初级教育人群的失业率动态最有效（要么下降的最多，要么增加的最少）。

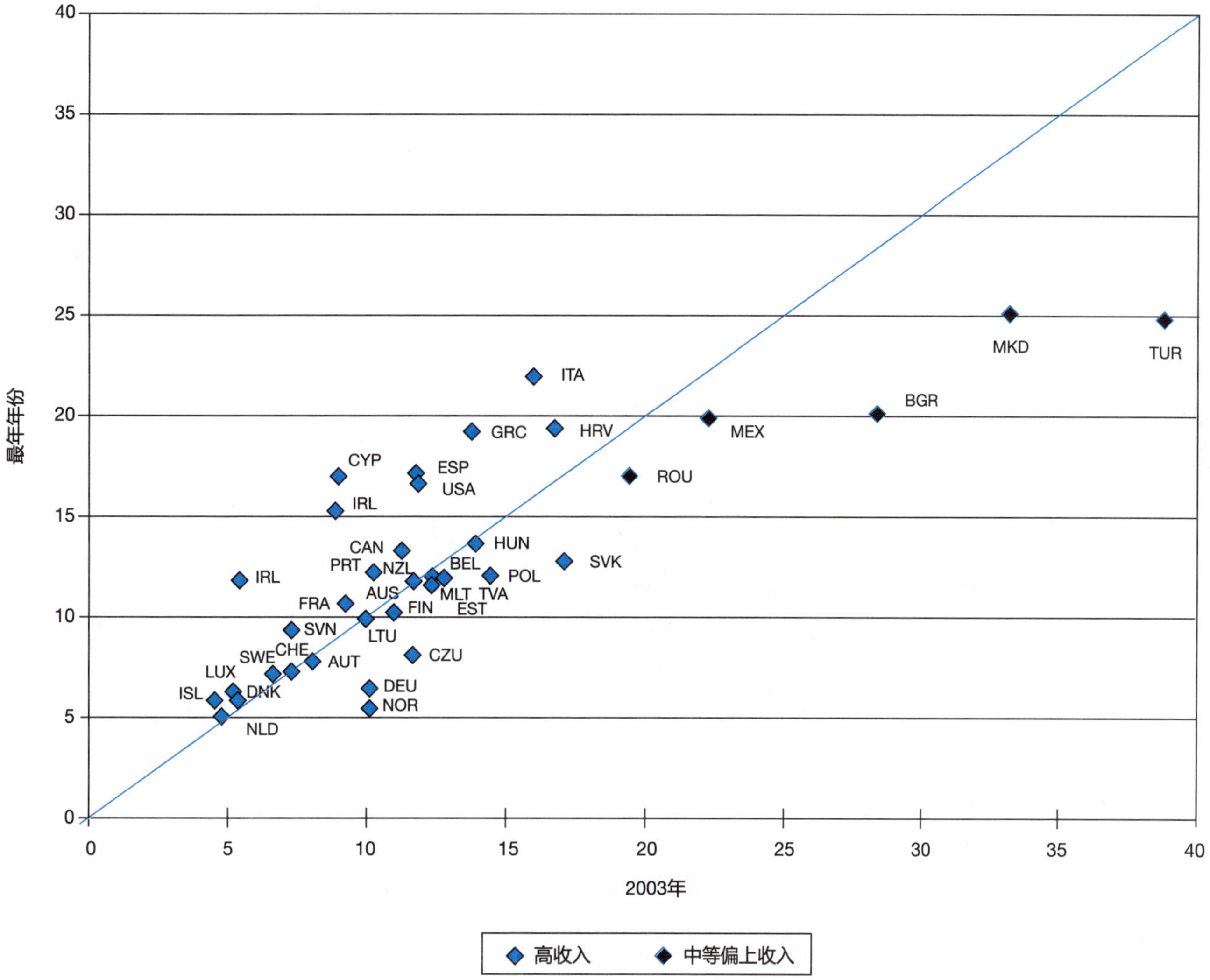

图 2.7　未参加教育、就业或培训的青年比例（%）

资料来源：KILM 第九版，表 10c，年龄 15—24 周岁，1998—2007 年和 2011 年后最近可获取年份的数据。

2.4　未参加教育、就业或培训的青年（NEET）比例

KILM 表 10c 列出了未参加教育、就业或培训的青年人口的比例。本质上，这一指标提出了比青年失业或未参与劳动力市场的青年更广泛的潜在青年劳动市场加入者的测量。图 2.7 列出了 2003 年和最近可获取年份本指标的情况。

在 38 个数据可用的国家中，似乎并未出现明确的模式。尽管如此，值得注意的是 NEET 青年比例在过去 10 年增长最多的国家（塞浦路斯、希腊、爱尔兰、意大利、西班牙和英国）均为遭受过全球金融危机重创的高收入国家。此次危机对这些国家的青年人口造成不同程度的影响，使得他们更容易失业，无法获得进一步的教育或培训。相反，NEET 青年比例下降最多的国家都是中等偏上收入国家（土耳其、马其顿共和国和保加利亚）。然而，图 2.7 中列出的大多数国家在评估期间均未出现明显变化。更具体地说，在这 38 个国家中，有 23 国家在 2003 年（或与 2003 年最近可获取年份）和最近可获取年份之间的 NEET 青年比例上升或下降幅度低于 2.5%。

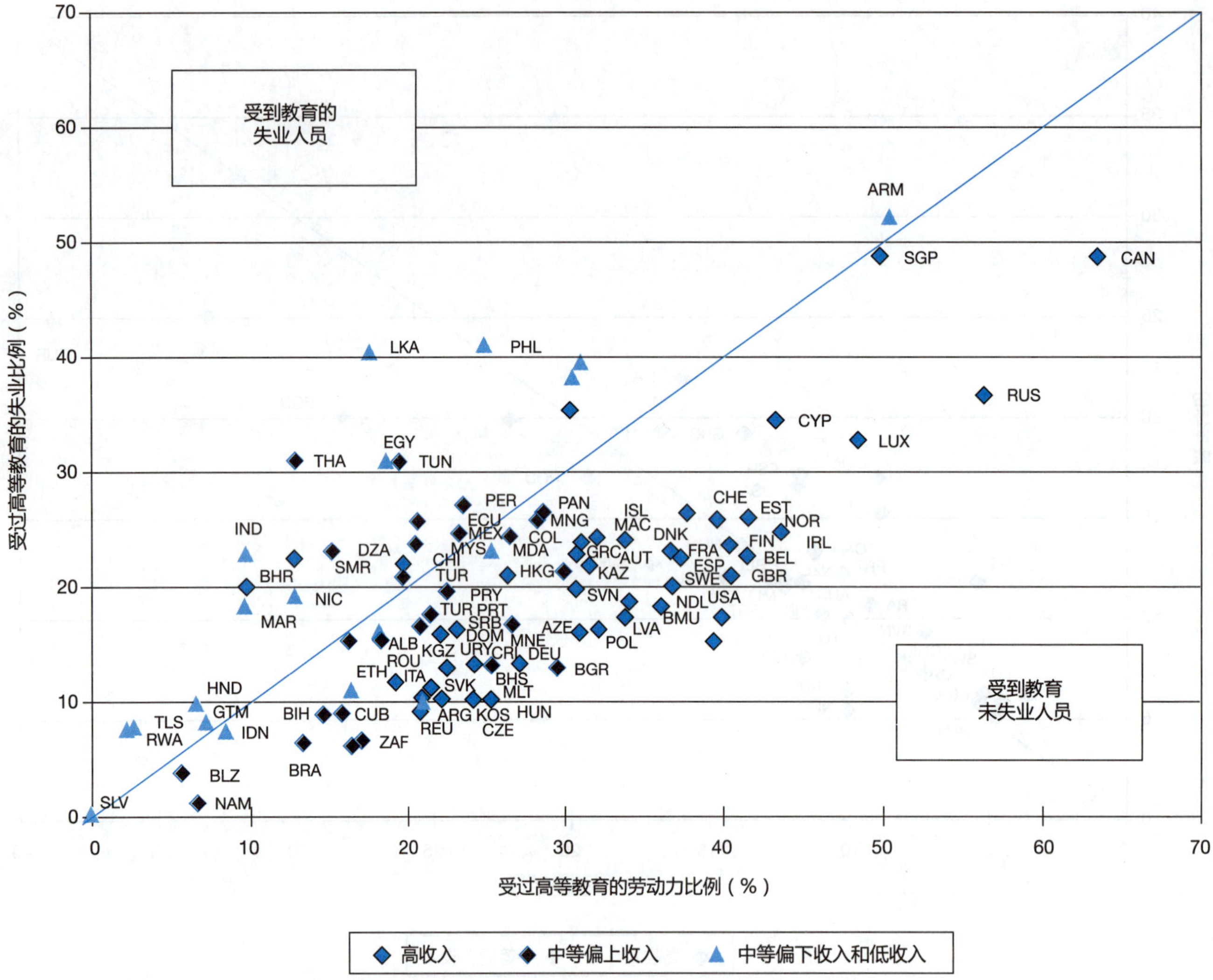

图 3.1 高等教育程度的劳动力比例和失业人口比例（%）

资料来源：KILM 第九版，表 14a、表 14b，年龄 15 周岁以上，2009 年后最近可获取年份的数据。

3. 教育对劳动力市场成果的影响

通过对与教育相关的四大 KILM 指标在过去 10—15 年间的趋势分析，并着重考察受教育程度和劳动力市场结果之间的关系，我们将在本节探讨这些指标与其他关键劳动力市场指标，尤其是失业率、劳动生产率、就业人口比和就业人数比例之间是否存在联系。

3.1 失业和教育

图 3.1 描述了两大受过高等教育的人群劳动力市场指标在的数值，并分别将其与劳动力和失业人群中受过相同教育的人群的比例进行了对比。

在 93 个数据可用的国家中，67 个国家的教育似乎能够有效防止人们失业：即高等教育程度的失业人口的比例低于拥有同等学历的劳动力的比例。而在立陶宛，这两者的差距非常明显——为 24 个百分点（总体劳动力失业人群比例为 39.5%，但高等学历失业人群比例为 15.5%）。在比利时、开曼群岛、爱尔兰和俄罗斯联邦，这两个比例也相差将近 20 个百分点，表明高等教育在防止失业方面有着非常显著的作用。另一方面，有 26 个国家观测的结果正好相反，也

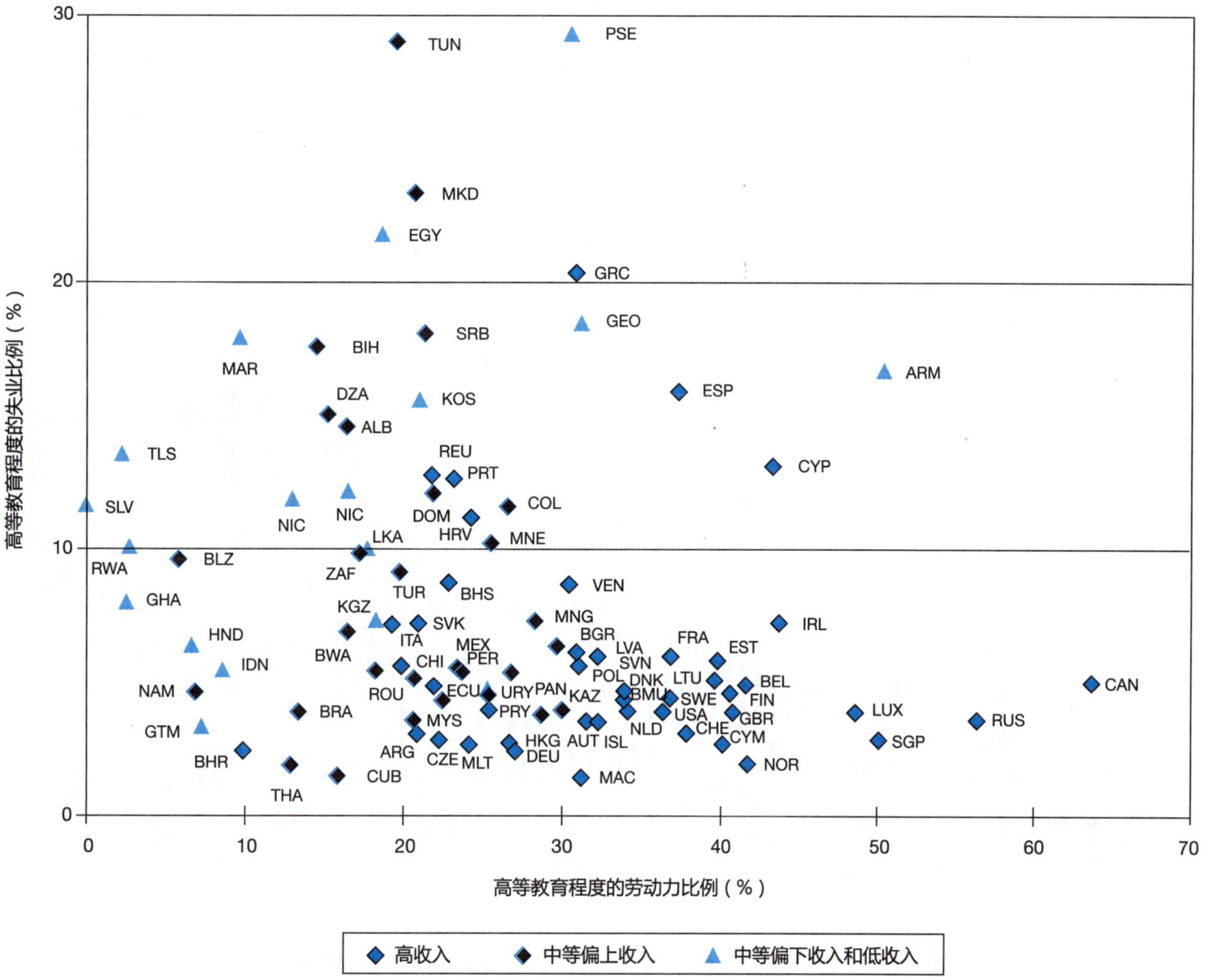

图 3.2　高等教育程度的劳动力比例和失业比例（%）

资料来源：KILM 第九版，表 14a、表 14c，年龄 15 周岁以上，2009 年后最近可获取年份的数据。

就是说，在这些国家中，高等教育程度的劳动力人群的失业可能性比受教育程度更低的人群的失业可能性更大。菲律宾、斯里兰卡和中国台湾的情况尤其如此，在这些区域，两者的差异超过 15 个百分点。我们还发现，巴林、埃及、印度和突尼斯等国家的差异也相当显著（超过 10 个百分点）。

不同收入组中各个国家情况的概况表明，在高收入国家中，受教育程度更高可能更利于防止失业。中等偏上收入国家的情况较为复杂，而在低收入和中等偏下收入国家中，受过高等教育的人群的失业可能性更大。在这些发展中国家中存在明显的瓶颈，即技术熟练者的数量远远超过能与其能力和期望相匹配的工作的数量。在研究这些失业趋势时，对国家在失业保险政策方面的考虑也非常重要。如果国家在这方面的政策有限或未订立措施，则失业可能不会被视作可选择项目（ILO，2016）。对低收入和中等偏下收入国家中所观察到的模式的其他可能解释为：那些受过高等教育但仍失业的人群的家庭收入足够多，所以他们可以寻找能完全满足自己期望的工作。

图 3.2 将表 14a 和表 14c 中高等教育人群的数据进行了对比。确定系数（R^2）接近于 0，表明了结果的分散性。但是，虽然没有明确的迹象表明高等教育程度有利于防止失业，但图 3.2 仍然表现出一些值得关注

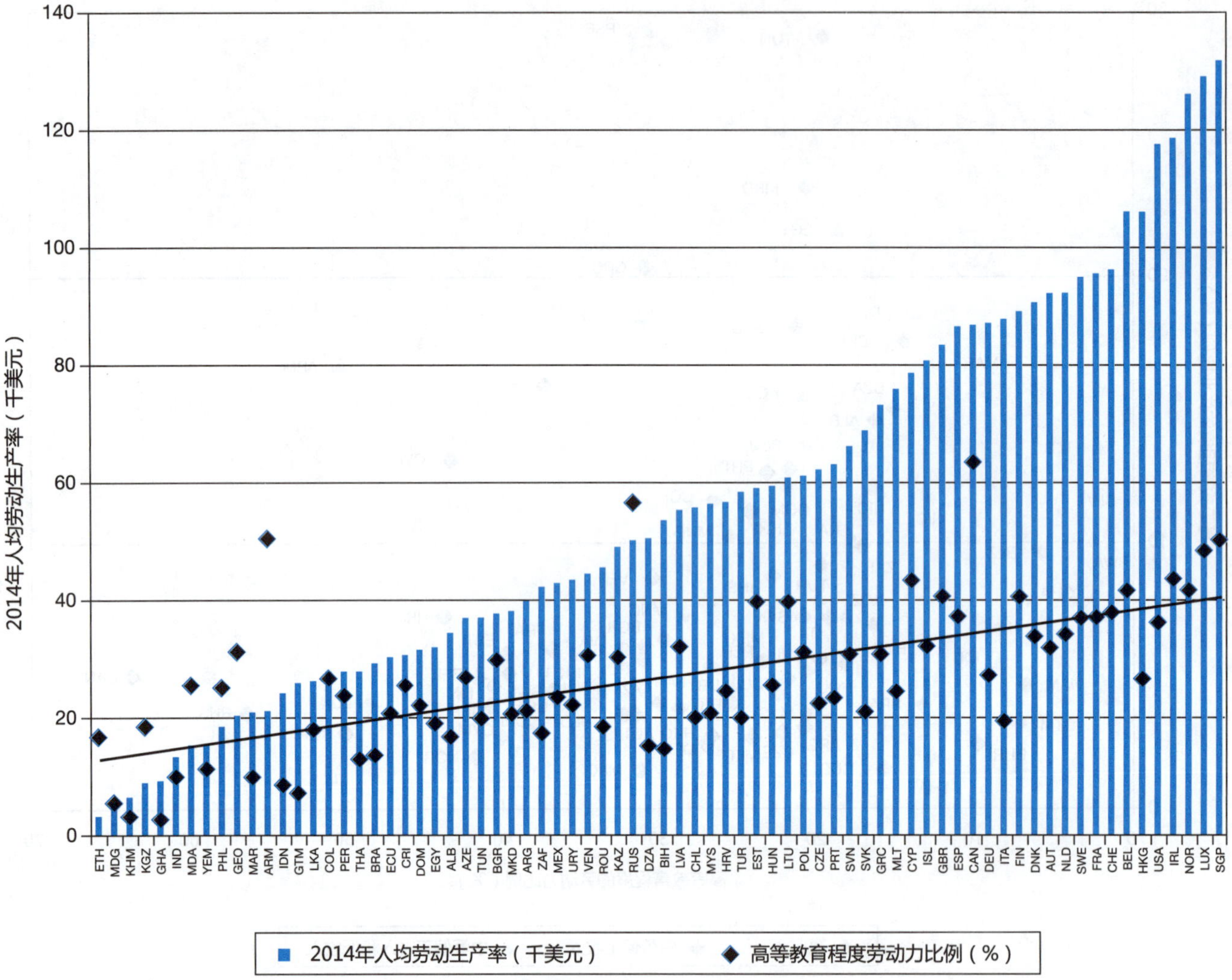

图 3.3 高等教育程度劳动力比例和劳动生产率

注：图中所用的趋势线表明了劳动生产率和高等教育程度劳动力比例之间的线性关系。

资料来源：KILM 第九版，表 14a、表 16a，年龄 15 周岁以上，2009 年后最近可获取年份的数据。

的特点。在这一群组中，高等教育程度劳动力比例较高、失业率较低的国家都是高收入国家。据此推断，教育明显对失业起积极作用。在加拿大、卢森堡、挪威、俄罗斯联邦和新加坡等国家中这种情况尤其突出。

相反，在另一类群组中，高等教育程度劳动力比例相对较低，但此类人群失业率较高。这一模式更倾向于发生在中等偏上收入、中等偏下收入和低收入国家中。这些国家包括埃及、马其顿共和国、希腊、突尼斯和巴勒斯坦被占领土。看起来很奇怪，因为在这些国家中等偏上等教育程度劳动力的人数并不非常多，所以那些高等教育程度的人群被认为应该很容易找到技术类工作的。但是，这些国家能为其提供的就业机会实在太少，可能因为其劳动力市场正处于危机中（马其顿共和国和希腊），也可能因为技术类工作短缺，表明了技术与工作机会不匹配的情况（埃及、巴勒斯坦被占领土和突尼斯）。

3.2 劳动生产率和教育

本节讲述了总体经济和受教育程度与劳动生产率（表 16a）的关系的信息。劳动生产率的定义是就业人员的人均产出，测量的是国家被用于生产产品和劳务的投入要素的

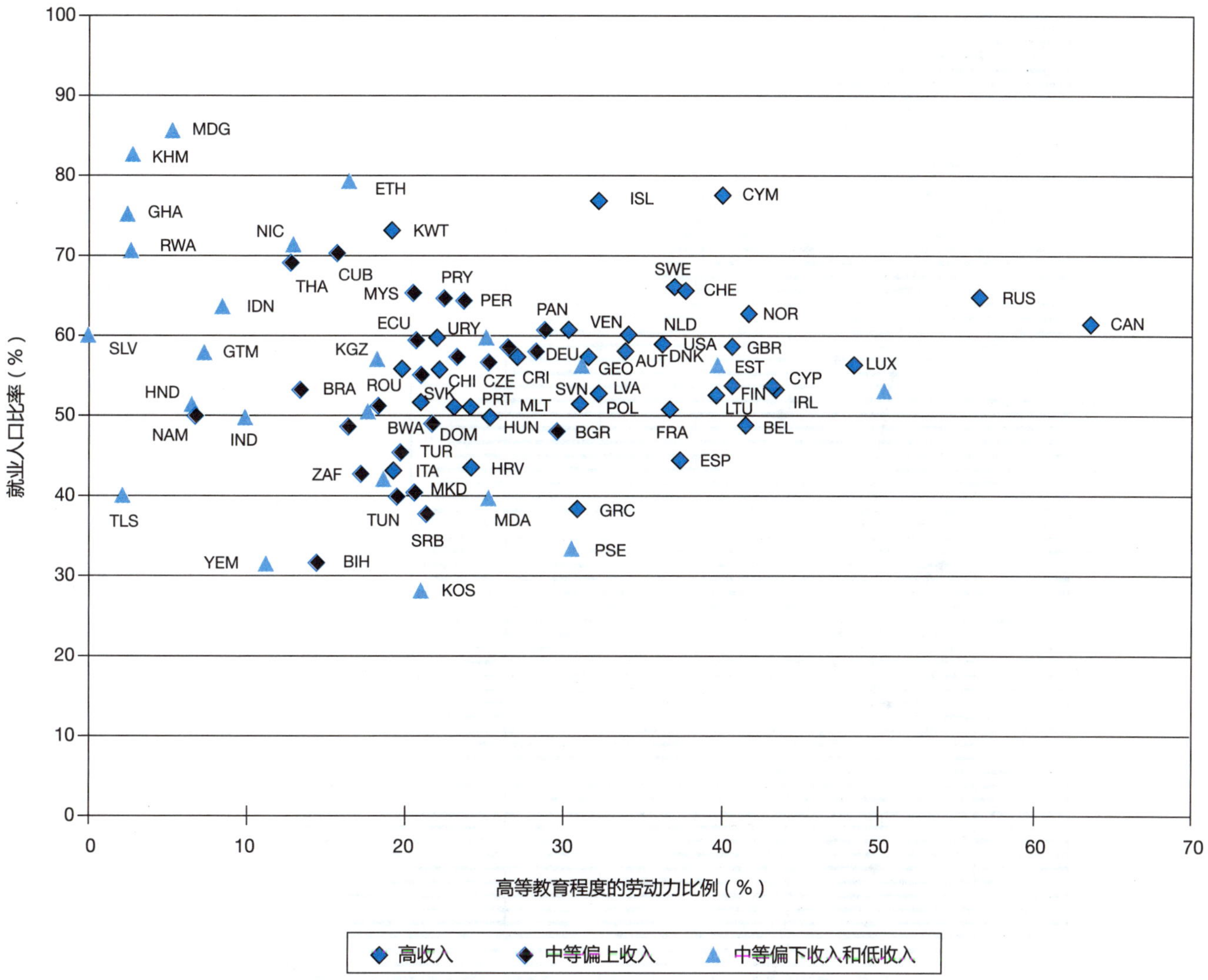

图 3.4　就业人口比率和高等教育程度劳动力比例（%）

资料来源：KILM 第九版，表 2b、表 14a，年龄 15 周岁以上，2009 年以后最近可获取年份的数据。

使用效率；它表明了一个国家的竞争力和人民生活水平。从图 3.3 中我们可以观察到高等教育程度劳动力比率和劳动生产率之间的关系。

从图中我们可以明显看出这两个指标之间存在线性关系。大部分受过高等教育的劳动力能创造出更高的劳动生产率。如果把 74 个国家按照劳动生产率水平进行分类，那么高等教育程度的劳动力比例的趋势线是明显的正相关，确定系数（R^2）为 0.44。但是，尽管存在明显的全球性趋势，仍然有些例外情况值得我们注意，例如亚美尼亚、加拿大和俄罗斯联邦，在这些国家中，高等教育程度的劳动力比例似乎远远高于预期，表明了相应的劳动生产率水平。

3.3　就业人口比率和教育

KILM 表 2b 列出了基于国家评估结果的就业人口比率。就业人口比率是指一个国家中参加就业的适龄劳动人口的比率。比率越高，表明国家中有越多的适龄劳动人口被雇佣，而比率越低说明了适龄劳动人口中未直接参与劳动力市场相关活动的人口数越多，这种情况既可能因为失业，更可能因为他们不在劳动人口中。图 3.4 列出了该指标和高等教育程度劳动力比例。

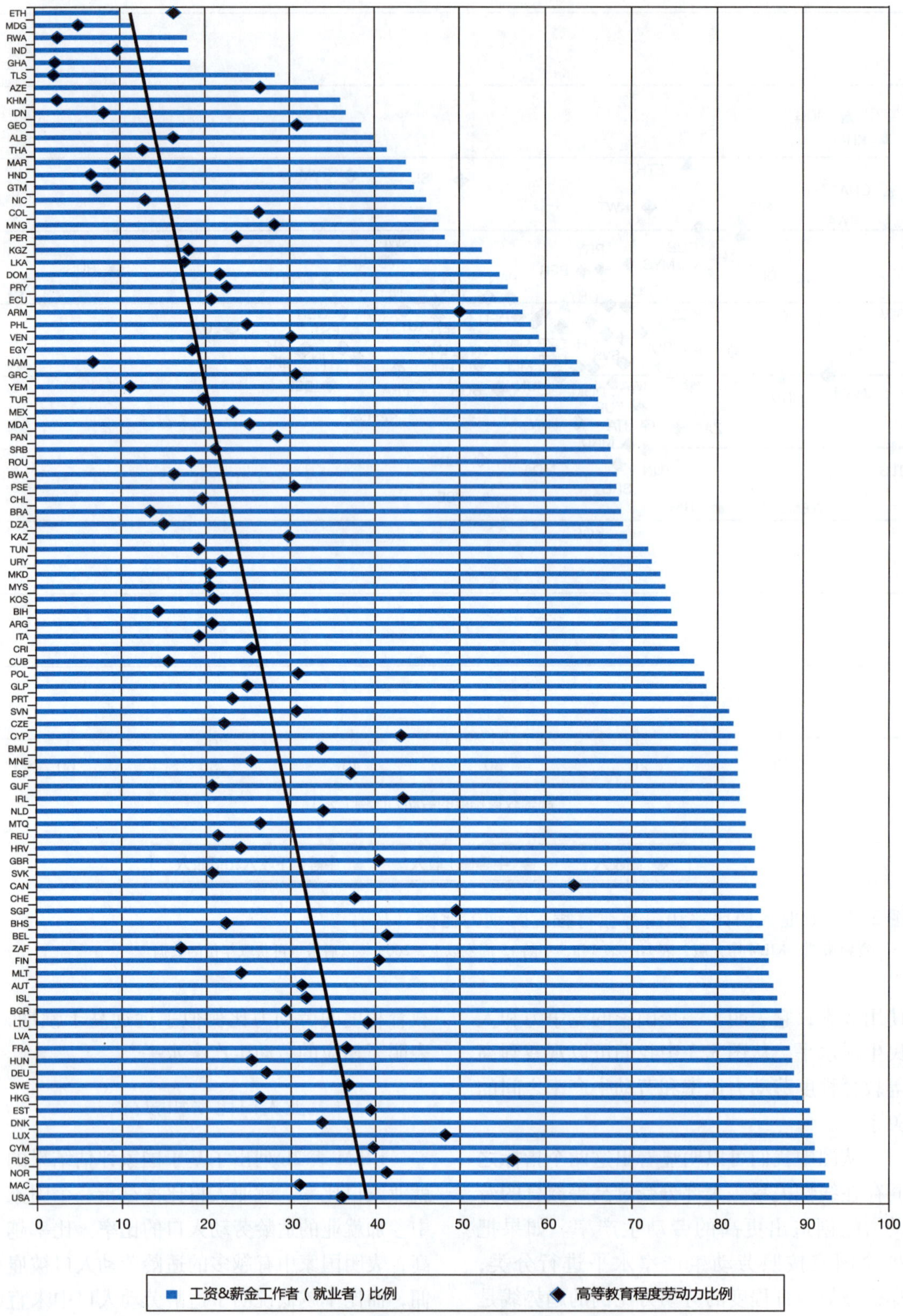

图 3.5　总就业人口中就业者的比例和高等教育程度劳动力比例（%）

注：本图中的趋势线表明了工资 & 薪金工作者（就业者）与高等教育程度劳动力比例之间的线性关系。

资料来源：KILM 第九版，表 3、表 14a，年龄 15 周岁以上，2009 年后最近可获取年份的数据。

从图中无法得出两个指标之间是否存在明显的关系，确定系数（R^2）几乎为0。但是，受过高等教育的劳动力比例较低的国家的就业人口比的可变性要高得多。例如，波斯尼亚和黑塞哥维那与埃塞俄比亚受过高等教育的劳动力比例相近（分别为14.5%和16.4%），但这两个国家的就业人口比相差将近50个百分点（分别为31.6%和79.4%）。似乎受过高等教育的劳动力比例越高，就业人口比数据的可变性就越小：在该比例超过45%的国家，就业人口比例处于45%－65%的范围内。

3.4 就业比例和教育

KILM表3列出了根据1993年国际就业身份分类标准（ICSE）按照就业身份划分的就业数据。在此我们的焦点是“就业者”——通常会从最高收入水平和劳动力市场工作安全中获益的一种就业身份。图3.5列出了总就业人数中就业者的比例和受过高等教育的劳动人口的比例。

本图表明这两个指标之间存在明确的正相关关系。一个国家就业者的比例越高，其高等教育水平人口的比例就越高。受教育程度明显会影响一个人在劳动力市场中成为就业者的可能性。在本节3.2段中，比较突出的是亚美尼亚、加拿大和俄罗斯联邦，在这些国家，考虑到就业者比例劳动人口中受过高等教育的比例高于其期望比例。相反，考虑到其劳动力受教育的比例，纳米比亚、南非和博茨瓦纳（程度较小）中就业者的比例远低于期望比例。这些结果可能暗示了一种区域性模式，反映出劳动力教育水平不断提高、经济和劳动力市场分布趋于停滞和仍然普遍的自我雇佣等经济环境。

本节探讨了教育和几个关键劳动力指标之间的联系。将受教育程度和劳动生产率与就业者比例比较可以得出劳动力和劳动力市场结果之间的确切关系。但是，这种关系不能用于描述我们所研究的所有劳动力市场指标。尤其是就业人口比似乎与受教育程度的变化完全没有关系。

4. 12个选定国家的现状

4.1 四个选定指标的最新数据

本章第三节中的分析结果包含了所有近期数据可用的国家。在本节中，我们会更详细地观察覆盖所有发展水平的12个选定国家的当前情况。表4.1列出了这12个国家，以及每个国家所选定劳动力市场的数据和收入分类。

在图4.1中，展示了12个选定国家按受教育水平分类的劳动人口（KILM表14a）的最新年份的有效数据。受到初级或以下教育的劳动人口的最高比例出现在萨尔瓦多，达到85.9%。其次比例最高的国家是埃塞俄比亚和柬埔寨，它们是我们选定国家中的两个低收入国家。在以上两个国家中超过3/4的劳动人口未接受小学以上的教育，表示很大比例的工人几乎没有受过教育。在泰国和阿尔及利亚，超过一半以上的劳动人口（分别为65.7%和63.2%）未接受中等水平以上的教育。这两个国家被归类到中等偏上收入经济体。因此，相对较高的人均国民总收入并不伴随着相对较高的受教育水平。相反，被归类为中等偏下收入经济体的吉尔吉斯斯坦，具有最低的受到初级及以下教育的劳动人口比例（KILM 14a）。德国和加拿大是我们样本中的高收入国家，具有最高的受到高等水平教育的劳动人口比例（分别为27.1%和63.4%）。

在图4.2中，展示了我们所选定国家按受教育程度划分的失业分布情况（KILM 14b）最近年份的可获得的数据。由于在许多低收入经济体中受到初级及以下教育的劳动人口占有很大比例，受到初级及以下教育的失业人员比重在这些国家中较大。相反地，高收入经济体具有较高的受高等教育的人口比例，这可能会使这些国家中较大比例的失业人员具有较高的受教育水平。不过，在德国，失业情况几乎和教育水平完全相

表 4.1 选定国家的关键信息

国家	适龄工作人口（21 世纪前十年，年龄 15 周岁以上）	就业人口比例（%）	失业率（%）	世界银行收入分组
加拿大	29952	61.4	6.9	高收入
德国	71875	57.4	5.0	高收入
阿尔及利亚	29100	36.2	9.8	中等偏上收入
巴西	157000	64.0	4.8	中等偏上收入
墨西哥	90875	56.9	4.8	中等偏上收入
泰国	55636	69.4	0.8	中等偏上收入
埃及	58572	42.1	13.2	中等偏下收入
萨尔瓦多	4572	59.9	5.9	中等偏下收入
吉尔吉斯斯坦	3942	57.2	8.3	中等偏下收入
菲律宾	67814	60.0	6.8	中等偏下收入
柬埔寨	10811	82.8	0.3	低收入
埃塞俄比亚	57948	79.4	4.5	低收入

资料来源：世界银行、ILOSTAT、KILM 第九版，最近年份可用数据。

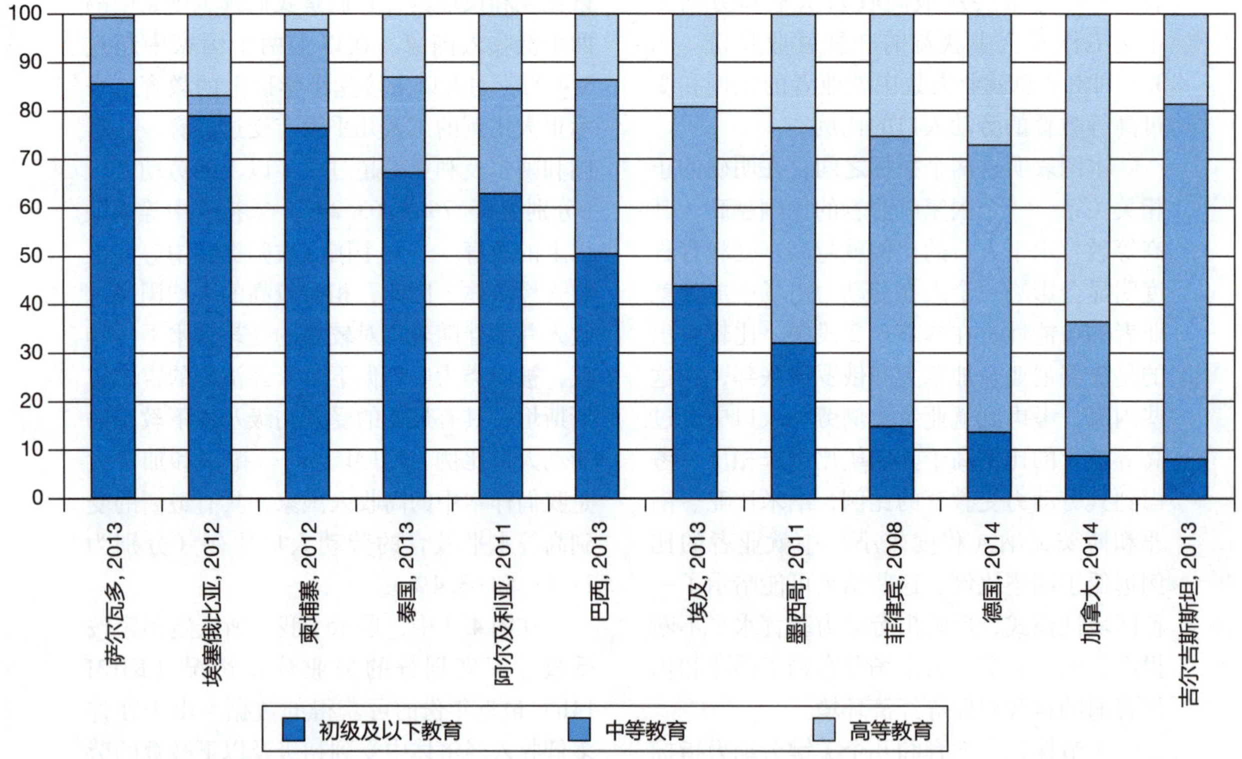

图 4.1 按受教育程度划分的劳动人口比例（%）

资料来源：KILM 第九版，表 14a，年龄 15 周岁以上，最近年份有用数据。

关。具备不超过初级水平教育的劳动人口比例只有 13.2%，这一低教育水平的失业人员达 31.1%，因此德国受教育水平较低的人口具有相对较高的失业率。而在埃及观察到了相反的联系，只有 18.7% 的劳动人口受过高等教育，但是 31.1% 的失业人口受

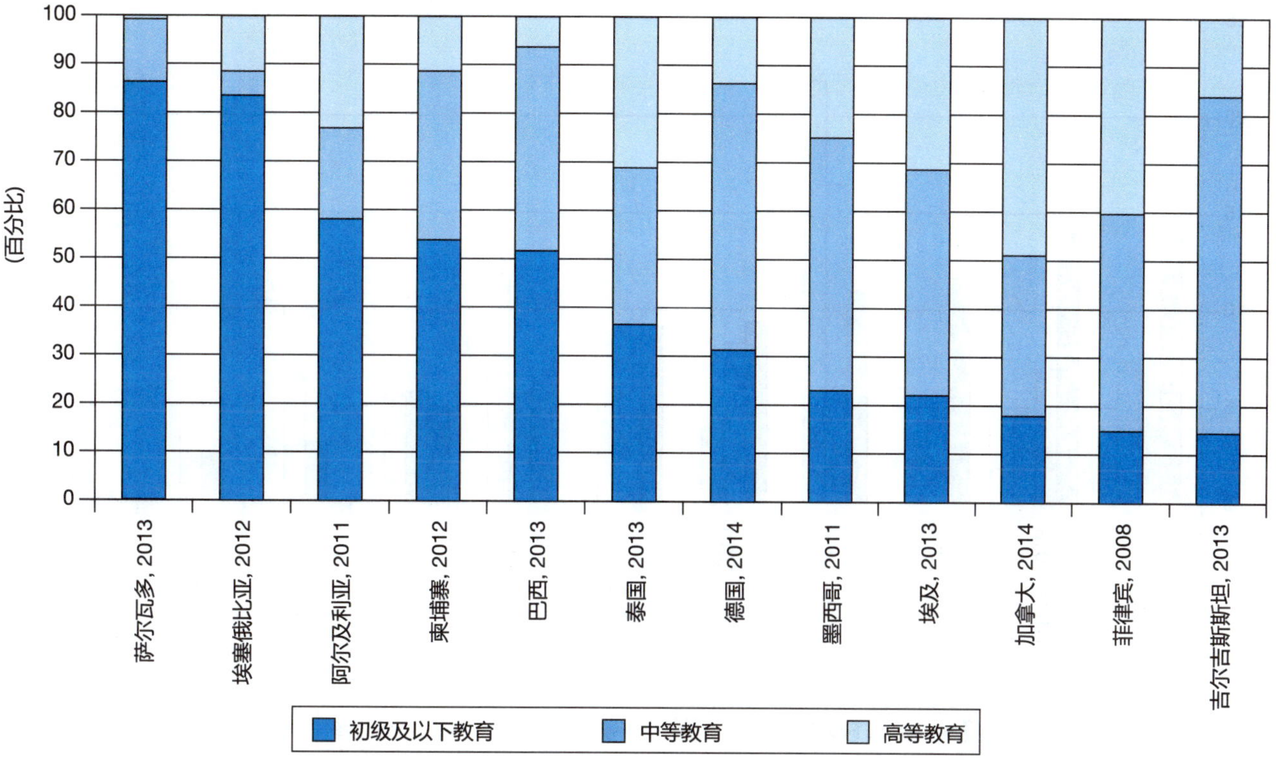

图 4.2　按受教育程度划分的失业分布情况

资料来源：KILM 第九版，表 14b，年龄 15 周岁以上，最近年份的可用数据。

到过高等教育。

在图 4.3 中，展示了我们选定国家按受教育程度划分（KILM 14c）的失业率的最近年份的可用数据。[1] 在吉尔吉斯斯坦、加拿大、德国和巴西，具有较高受教育程度的劳动者的失业率较低。在德国，只具备初级及以下教育水平的个人失业的可能性似乎达到具有高等教育水平人员失业可能性的四倍。在这 4 个国家中（埃及、菲律宾、柬埔寨和泰国），这一情况恰好相反：这里的失业率随着受教育程度的提高而增加。在菲律宾，劳动人口中具有高等教育水平的个人失业的可能性似乎是只具备初级及以下教育水平人员失业可能性的三倍。其他国家则未能显示出一致趋向。

图 4.4 展示了所选定国家未参加教育、就业和培训的（年龄 15—24 周岁）青年人口比例（NEET；KILM 表 10c）的最近年份有用数据。尽管在泰国和埃塞俄比亚 NEET 人口几乎不存在，但是在其他国家中 NEET 人口却在青年人口中占有很大比例，特别是对青年妇女而言。在埃及，40.7% 的青年女性为 NEET（而相比较青年女性比例为 17.3%）。在阿尔及利亚，青年女性为 NEET 的可能性可能是青年男性的 4 倍（分别为 34.6% 和 8.8%）。性别差距在菲律宾、巴西、吉尔吉斯斯坦和墨西哥也很显著（在每个案例中超过 10 个百分点）。只有加拿大和萨尔瓦多的男性 NEET 比例超过女性的比例（差距小于 3 个百分点）。

4.2　受教育程度指标和其他劳动力市场关键指标

本节旨在确立前面章节所描述的那些国家的 4 个指标和本章第三节所检测的其他劳动力市场指标之间是否存在联系。

图 4.5 集中关注高等水平教育程度的人

1　由于 KILM 表 14b 缺少数据，本节不包含埃塞俄比亚的数据。

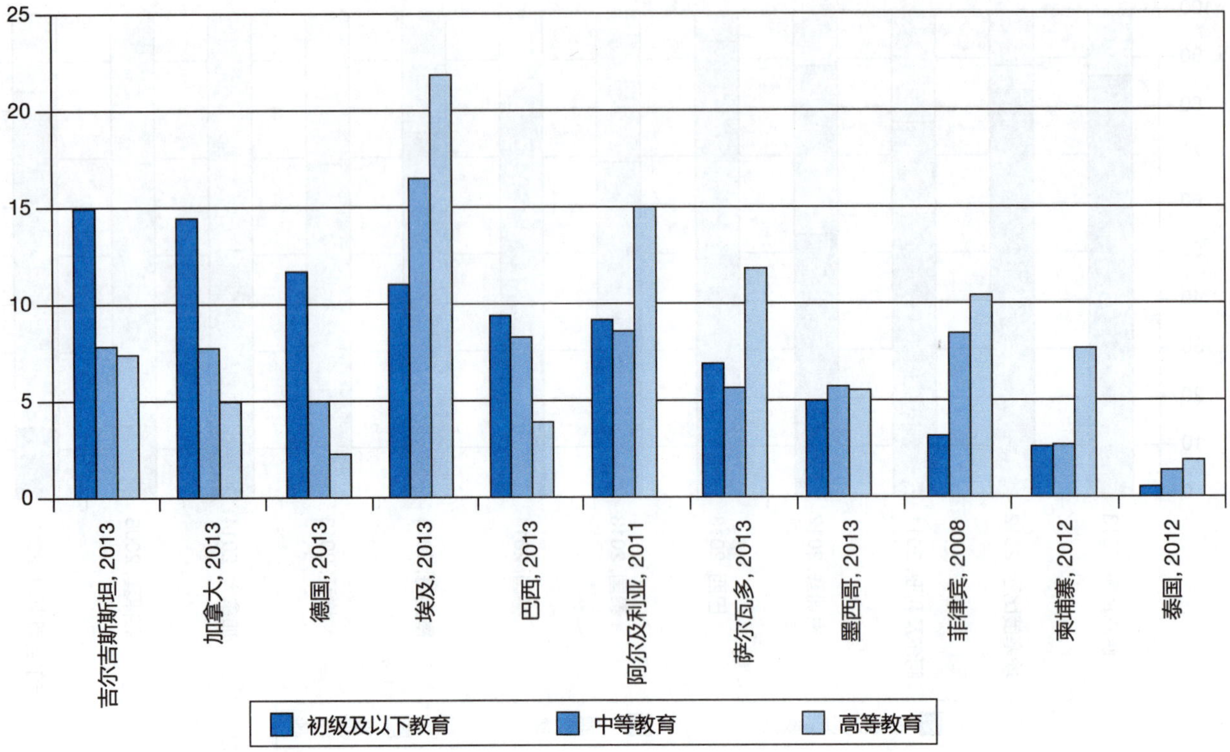

图 4.3 按受教育程度划分的失业率（%）

资料来源：KILM 第九版，表 14c，年龄 15 周岁以上，最近年份可用数据。

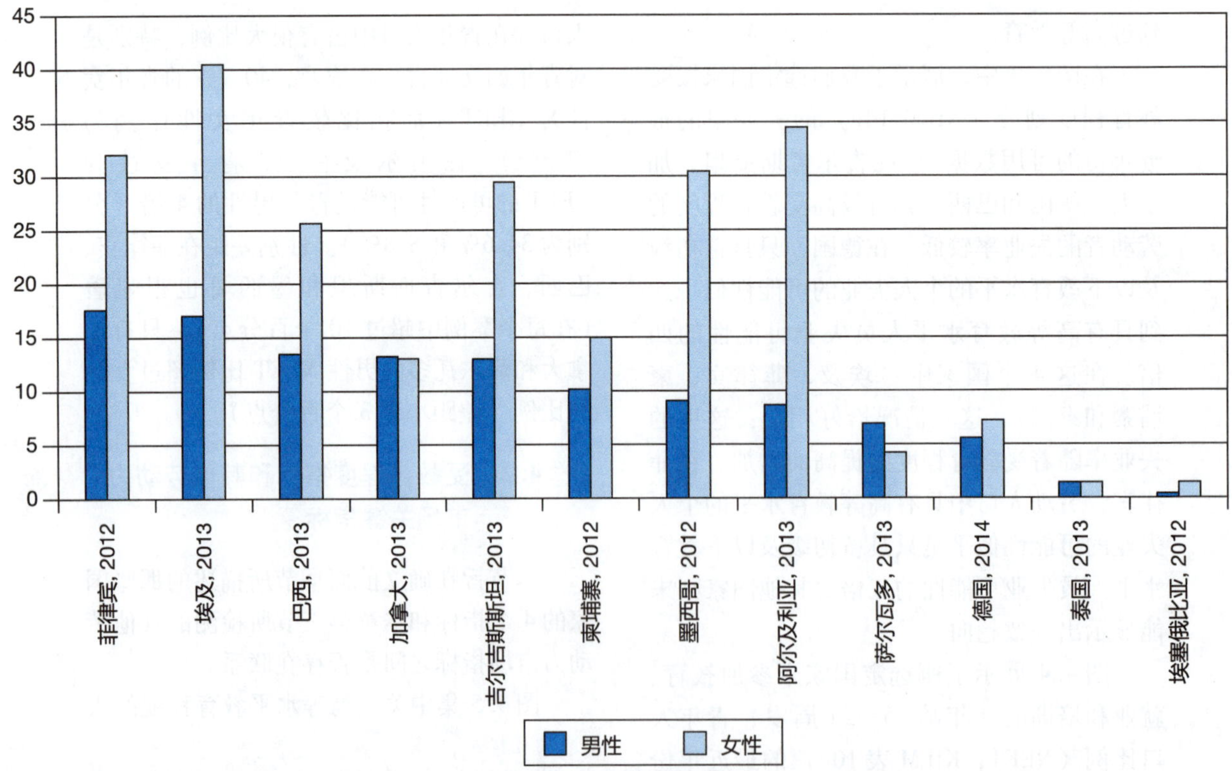

图 4.4 未参加教育、就业或培训的青年（15—24 周岁）比例（%）

资料来源：KILM 第九版，表 10c，最近年份可用数据。

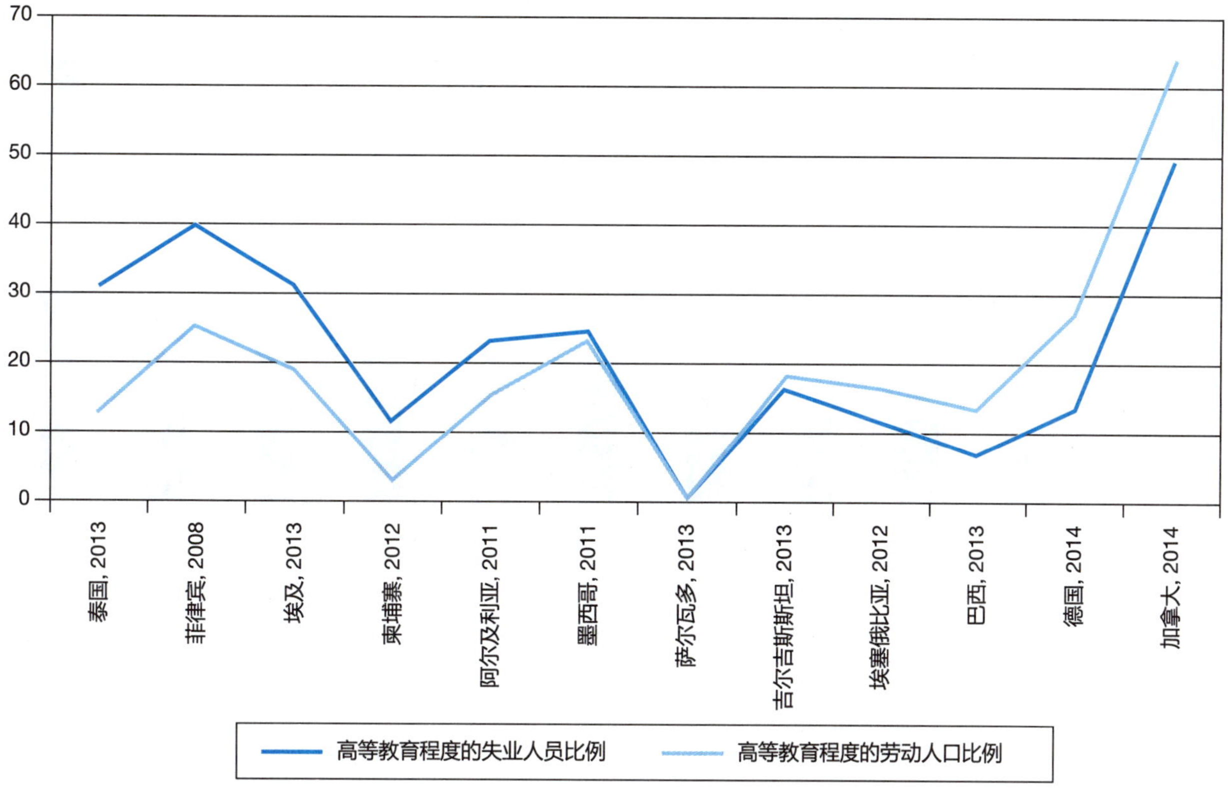

图 4.5 高等教育程度和失业情况（%）

资料来源：KILM 第九版，表 14b，年龄 15 周岁以上，最近年份可用数据。

员并比较受过高等水平教育的人口在劳动人口中的占有比例和在失业人口中的占有比例。

在图 4.5 的样本中，只有 5 个国家的高等教育程度的失业人口占总失业人口的比例低于高等教育的人口占总人口的比例。而且，差异性只有在加拿大和德国显著（大于十个百分点）。在加拿大，劳动人口比例为 63.4%，但是只有 48.9% 的失业人口受过高等水平教育。因此在加拿大和德国，投资个人教育可被视作一种减小失业可能性的方法。从另一方面看，7 个国家展示出相反的结果，受过高等教育的人员失业比例大于总失业率。最不利于高等教育毕业人员就业的国家经观察为埃及、菲律宾和泰国。在泰国，劳动人口失业比例只有 12.8%，而具有高等程度教育的失业人员比例为 31%。这显示出一个瓶颈，即相对于和其职业能力与期望相匹配的可获取的工作数量，技能型人员数量过多。在泰国，整体失业率仍然保持在较低水平，但是在埃及和菲律宾，具有高等教育程度的人员通常难以找到和其受教育程度匹配的工作。

图 4.6 比较了 KILM 表 14a 和表 14c[1] 中受高等水平教育的数据。正如本章第三节所述，两个指标间不存在明确的联系。在柬埔寨、泰国和巴西，受过高水平教育的人员具有低失业率，并且受过高等教育的人员比例有限。在阿尔及利亚和埃及，受过高等教育的人员比例相对较高；不过，劳动力市场并不能为其提供足够的机会，因此处于该教育水平的人员失业率相对较高（埃及为 22%）。最后，在高收入经济体中（德国和加拿大），受过高等教育的劳动人口比例高，高等教育毕业人员的失业率偏低。在这些国家接受高等教育是应对失业的明显保障。

1 由于 KILM 表 14c 缺少数据，不包含埃塞俄比亚的数据比较。

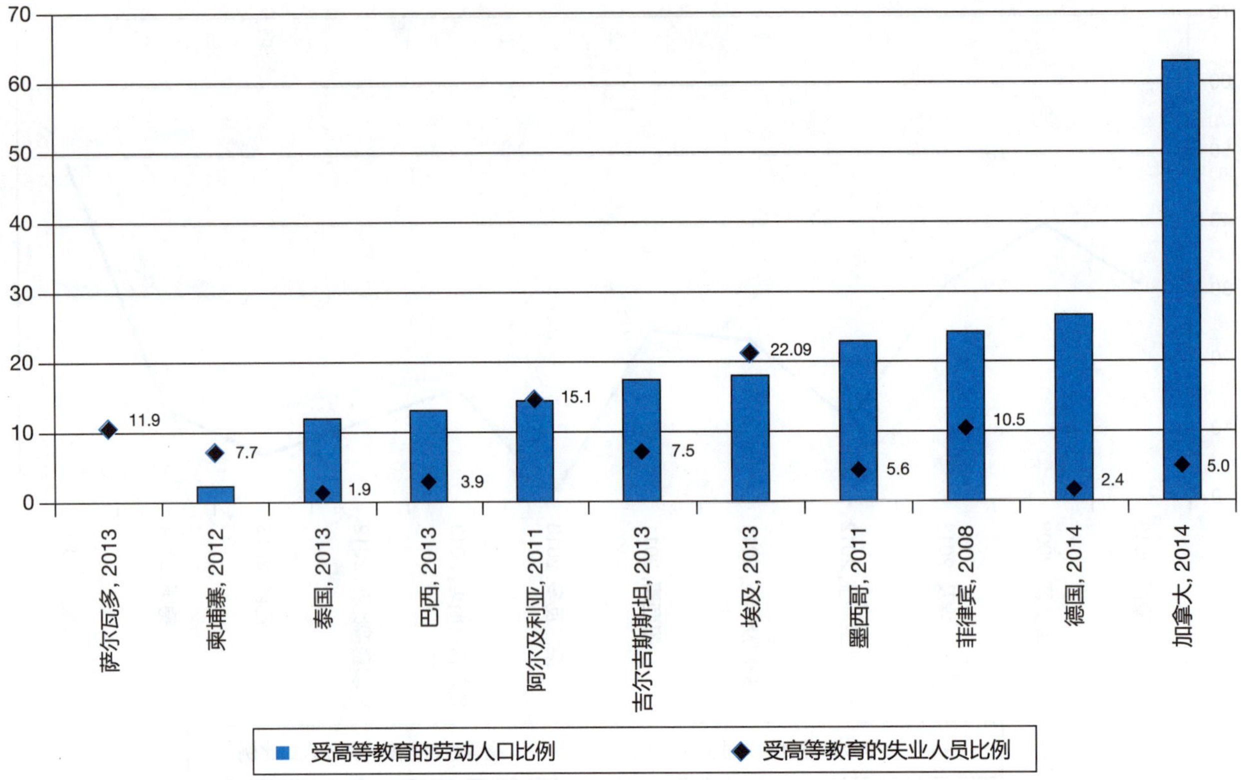

图 4.6　高等教育程度和失业率（%）

资料来源：KILM 第九版，表 14a、表 14c，年龄 15 周岁以上，每个国家最近年份的可用数据。

图 4.7 检测了受教育水平和劳动生产率之间的联系（就业人员人均购买力美元）。[1] 正如第三节所述，受过高等教育的劳动人口的更大比例和较高的劳动生产率水平相关。但是一些国家却表现出相反的结果。在埃塞俄比亚、吉尔吉斯斯坦和菲律宾，劳动生产率相对于受高等教育的劳动人口比例显得特别低。在另一方面，除了相对较低的受高等教育水平的劳动人口比例（15.2%），阿尔及利亚就业人员人均劳动生产率超过五万美元——为我们选定样本中的第三高国家。这或许可以归因于阿尔及利亚生产石油和天然气的影响。

在图 4.8 中，展示了 12 个选定国家按受教育水平分类的就业人口比。如第三节所示，数据并不能显示出受教育水平和就业人口比之间的显著关系。受初级及以下水平教育人口比例最低的国家（吉尔吉斯斯坦、加拿大、德国、菲律宾和墨西哥）的就业人口比均处于 50%—60% 之间。在平均受教育水平较低的国家，就业人口比的范围很大，从埃及（42.1%）和阿尔及利亚（36.2%）到泰国（69.4%）、柬埔寨（82.8%）和埃塞俄比亚（79.4%）。萨尔瓦多的就业人口比为 59.9%，除去非常不同的教育结构外，萨尔瓦多相似于加拿大和菲律宾的就业人口比。这些数据并未表现出教育水平和就业人口比之间联系的显著模式。

如同本章第四节所述，在图 4.9 中，我们已经使用 KILM 表 3 中按就业情况分类的就业数据，特别关注分类“从业人员”并把从业人员占总就业人口比例和受初级及以下水平教育的劳动人口比例放在一起研究。在埃塞俄比亚，未受过初级水平教育的可能性高（几乎达 80%），并且就业人员比例低（10%）。在德国和加拿大，结果恰好相反。

1　由于 KILM 表 16a 缺少数据，不包含萨尔瓦多的数据比较。

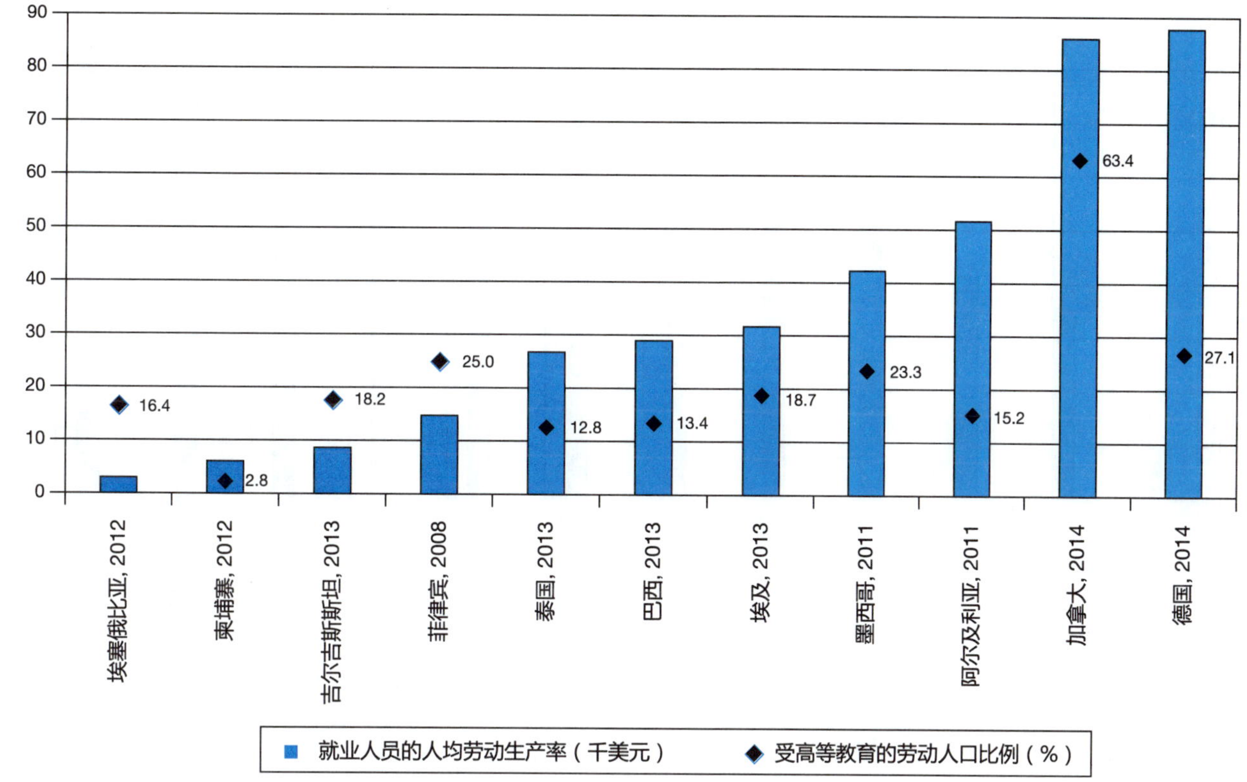

图 4.7 高等教育程度和劳动生产率

资料来源：KILM 第九版，表 14a、表 16a，各国最近年份的可用数据。

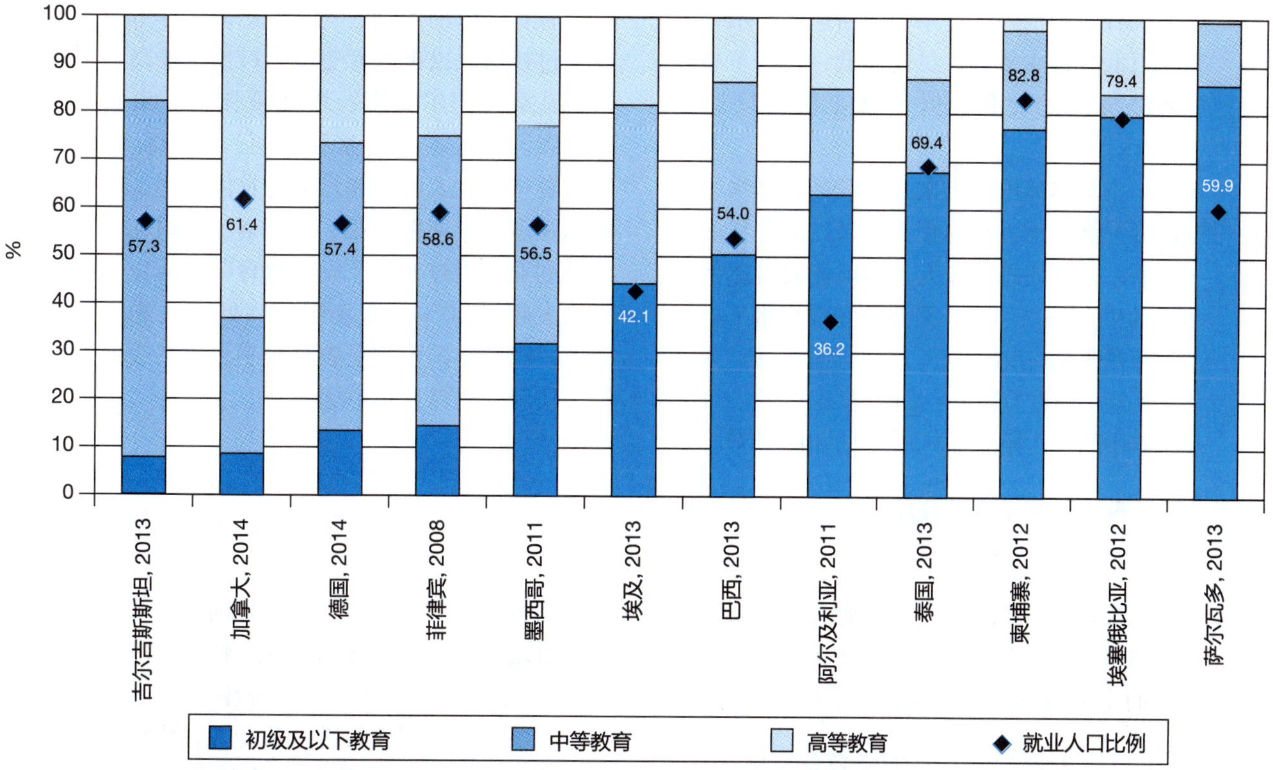

图 4.8 就业人口比例和受教育程度（%）

资料来源：KILM 第九版，表 2b、表 14a，15 周岁以上，各国最近年份的可用数据。

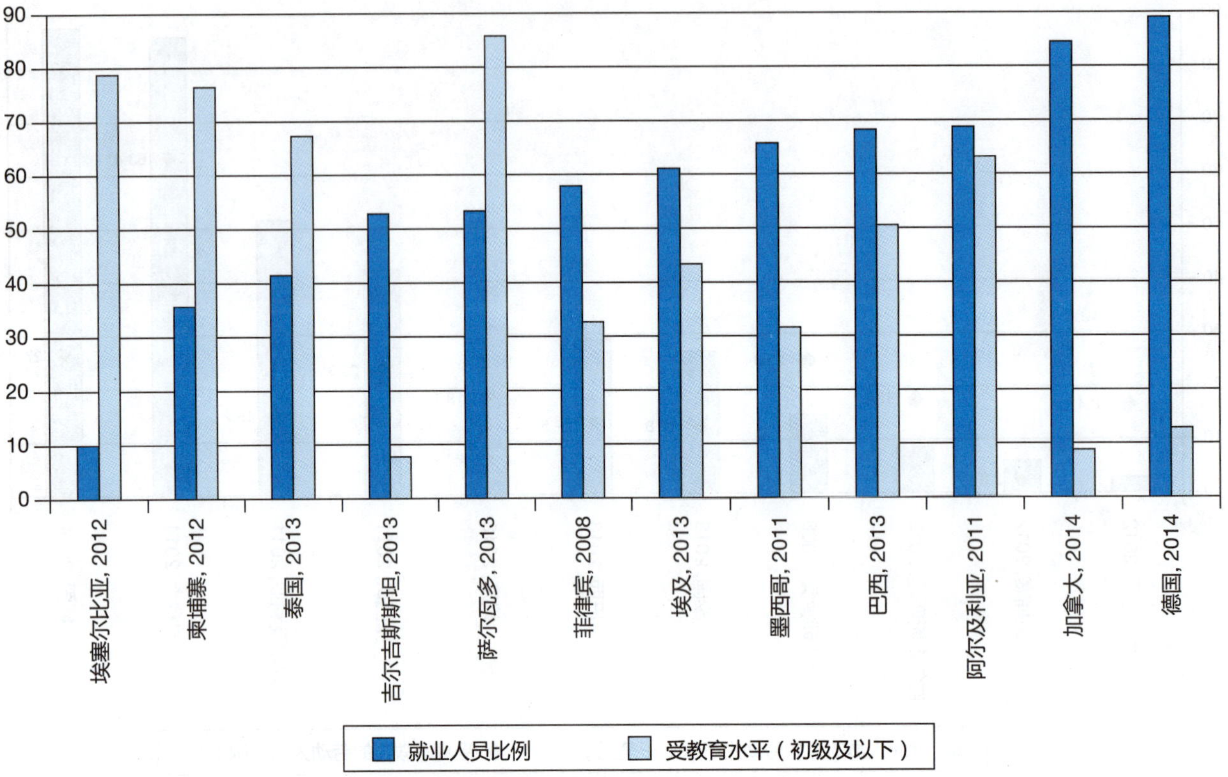

图 4.9　就业人员比例和受教育水平（%）

资料来源：KILM 第九版，表 3、表 14a，年龄 15 周岁以上，各国最近年份的可用数据。

一个有趣的例外是吉尔吉斯斯坦，吉尔吉斯斯坦低教育水平的人员比例低，相近于高收入经济体的比例，但是就业比例只达到了 53.5%。

本章本节内容再次强调较高教育水平和部分关键劳动力指标正面结果之间存在的明确联系，例如总就业人口中就业人口比例和劳动生产率。但是，失业率和教育水平之间不存在明显一致的联系。在发展中国家，失业率可能会随着受教育水平的提高而上升，而在样本中的发达经济体中，结果呈相反趋势。

4.3　尚存的教育差距

有关 12 个选定国家中劳动人口的教育模式的研究反映，仍然存在部分仍需要解决的教育差距，特别是在发展中经济体。在此我们将会展示需要改进的主要方向。

4.3.1 持续低水平的受教育程度

仍然有数目相对较多的国家未受过初级以上教育的劳动人口占有很大比例。样本中只受过初级及以下教育劳动人口比例最高的 6 个国家（萨尔瓦多、埃塞俄比亚、柬埔寨、泰国、阿尔及利亚和巴西）均为低收入或者中等收入经济体。更为具体的是，在萨尔瓦多、埃塞俄比亚、柬埔寨、泰国和阿尔及利亚，受过初级及以下教育劳动人口比例大大超过 60%。这表明提高低收入和中等收入经济体国家的受教育水平，包括改善高素质就业仍然任重道远。

4.3.2 人口群体差异

研究表明（UNESCO，2015），不仅收入和发展水平不同的国家之间存在受教育水平和教育回报的巨大差异，而且国家内不同的人群之间也存在这样的差异，特别是弱势群体持久获得高质量的教育比较困难。

在减少男女间获得教育和受教育成果的不平等方面确实已经取得巨大进步。实际上，我们选定国家的 KILM 数据表明，在大

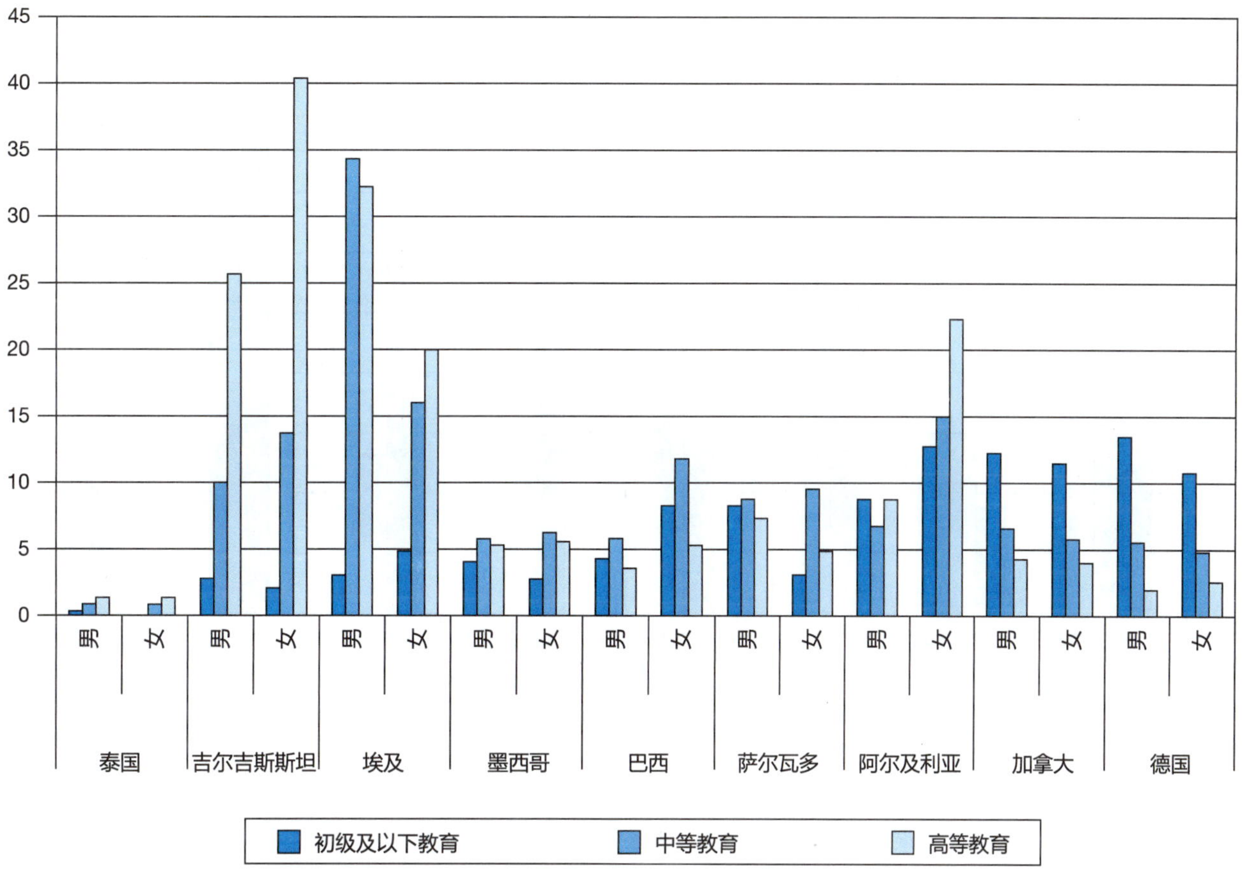

图 4.10　按受教育程度分类的男性和女性失业率（%）

注：由于缺少数据，本图不包含柬埔寨、埃塞尔比亚和菲律宾的数据比较。

资料来源：KILM 第九版，表 14a，年龄 15 周岁以上，各国最近年份的可用数据。

多数案例中，受过高等教育的女性劳动人口比例高于男性劳动人口比例（见 KILM 表 14a）。还有，如图 4.10 所示，在部分国家，当所有教育水平的女性失业率高于男性失业率时，这种差距不会扩大。

然而，尽管在减少受教育水平的性别差异方面已经取得进步，但是世界上部分地区的女孩子们在进入学校时仍然面临巨大障碍。为了确保世界范围内的女孩能够拥有完成中等教育的机会以及在合适的地区完成高等教育，解决这些障碍特别重要（UNESCO，2012）。

当我们转而按年龄分组检测差异时，明显发现青年人群在劳动力市场显得特别脆弱。一般来说，所有教育水平的青年失业率趋向于高于相应教育水平的成年失业率。图 4.11 会提供一些对比案例。[1]

研究显示，低于更为年轻的一代，完成中等水平教育不再足以保障在劳动力市场的满意的工作状况[2]（Sparreboom 和 Staneva，2014）。

如图 4.4 所示，突出强调 7 个选定国家中未参加教育、就业或培训的青年女性的比例相对高于男性的比例这一点也很重要。因此教育途径和获取教育方面的性别和年龄差异似乎会显著妨碍青年女性进入劳动力市场。

家庭获得教育方面仍然存在显著不公平。青年文化水平方面的显著差异持续存在于最富裕家庭和最贫困家庭人员之间。缩小

1　出于数据的有效性和可靠性理由，选择了墨西哥、萨尔瓦多、德国和巴西 4 个国家。

2　根据 ILO 学校－工作转变调查定义，若青年获得稳定工作，处于临时满意工作状态或者处于满意的自我就业中，则视作“已经转变”。

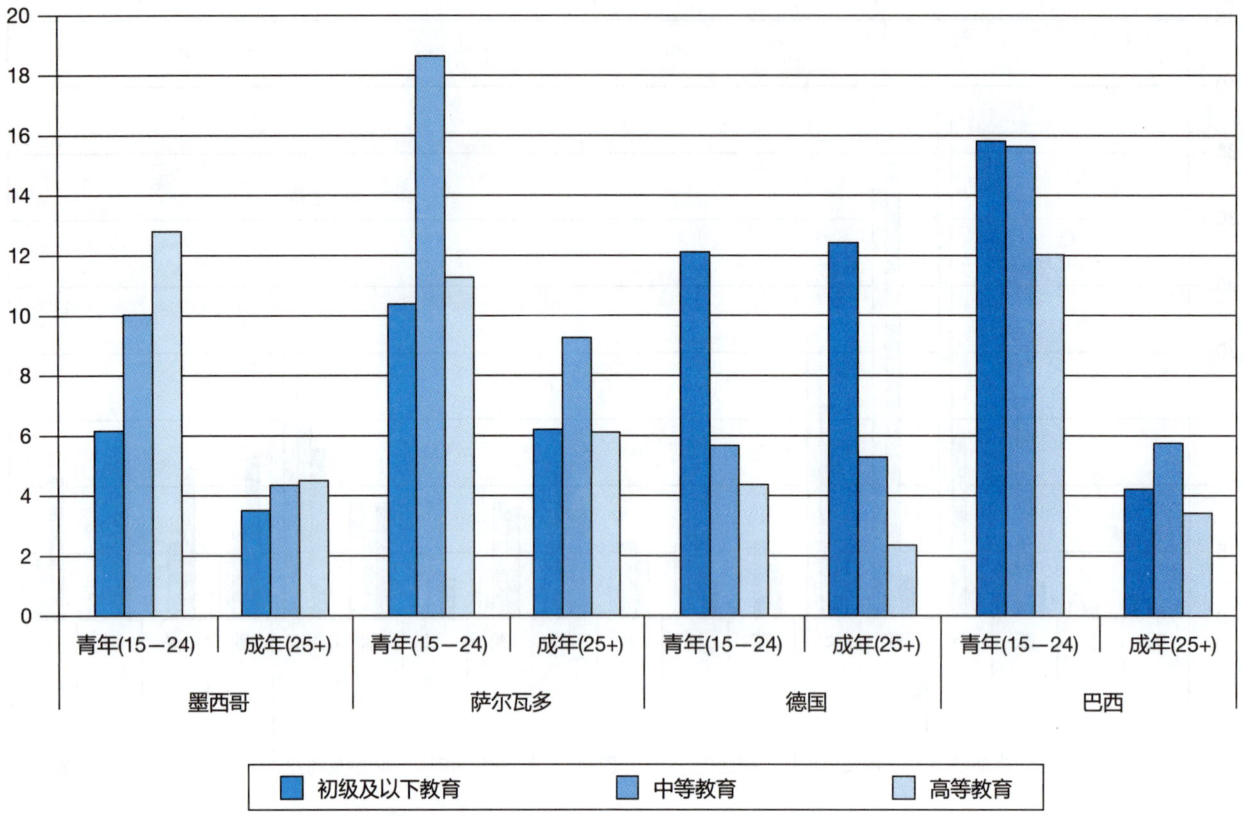

图 4.11　按受教育程度分类的青年和成年失业率（%）

资料来源：KILM 第九版，表 14b，每个国家最近年份的有用数据。

受教育机会方面的财富差距是所有国家促进具有包容性和可持续增长和发展的基本要素（UNESCO，2015）。

最后，我们需要考虑获取移民获取教育的情况和所在国的劳动力市场的情况。需要作出特别的努力以确保青年移民可以平等获取其进入劳动力市场所需要的技能（UNESCO，2015）。移民劳动力人流量增加也正在形成考虑教育资格和其他教育安排"国际化"的紧急需求。

4.3.3　定量因素和学习领域研究

本章主要以量化指标为基础。不过，考虑到影响教育对劳动力市场结果的定性因素作用至关重要。例如，对 11 个非洲国家的研究发现，在这些国家中"学习赤字"，就是缺少向所有学生提供必要知识、技能、文化和社会理解等的能力，相对大于单一的"进入赤字"，就是学校教育系统入学率不足（Spaull 和 Taylor，2015）。另一个研究表明人类的认知技能和个人收入、收入分配以及经济增长的联系比和单独的受教育水平的联系更为紧密。作者发现，结合认知技能的国际对比结果表明在发展中国家的技能缺乏比一般由教育注册和受教育措施引起的技能缺乏更为严重（Hanushek 和 Woessmann，2008）。从以上案例中得出过度关注入学和教育程度可能会引起误导性的推论。

国家学校教育系统的质量和相关性（例如义务教育方面）还将会强烈影响受教育水平对个人在劳动力市场状态和教育回报的作用。

关于高等教育，学习领域的选择及其与劳动力市场的相关性将会在很大程度上影响教育回报。在理想情况下，学习领域的所有个人选择合计起来可以形成接近于技能和教育需求的技能和需求供应，因而使得供需不匹配最小化。不过，考虑到预测未来技能需求的困难，力求达到理想状态很可能仍然是一个挑战。

5. 结论

劳动人口的教育模式的概览已经反映出受教育水平在获得满意劳动力市场地位方面的重要性。教育不仅会促进就业，而且对获得优质就业的机会具有积极影响。因此，促进更高水平的教育仍应当是大部分劳动人口只接受过初级及以下教育的国家优先考虑的要务。

在一些国家技能型劳工供应和需求似乎不匹配。在需求低于供应的地区，高教育水平不太可能保护该人员免于失业。但是，在部分国家环境中，受到高水平教育的个人可能对工作具有较高的期望，并且不太愿意妥协让步。在其他环境中，高教育水平可能为个人提供获取更高质量工作的更加便捷的途径、提供更高的薪酬、改进的工作条件、永久合同、全职就业和其他利益。

除了个人层面的积极影响，提高受教育水平与充足的生产性就业机会相结合还可以在国家层面产生积极影响，促进具有包容性的积极增长并有助于减少收入不平等。

参考文献

Elder, S. 2015. *What does NEETs mean and why is the concept so easily misinterpreted?*, Work4Youth Technical Brief No. 1 (Geneva, ILO).

Hanushek, E.A.; Woessmann, L. 2008. “The role of cognitive skills in economic development”, in *Journal of Economic Literature*, Vol. 46, No. 3, pp. 607–668.

Holland, D.; Liadze, I.; Rienzo, C.; Wilkinson, D. 2013. *The relationship between graduates and economic growth across countries*, BIS Research paper No. 110.

ILO. 2008. *Conclusions on skills for improved productivity, employment growth and development*, International Labour Conference (Geneva).

—. 2015. *Global Employment Trends for Youth 2015: Scaling up investments in decent jobs for youth* (Employment Policy Department, Geneva).

—. 2016. *Women at Work - Trends 2016* (Geneva).

Keller, K.R.I. 2010. “How can education policy improve income distribution? An empirical analysis of education stages and measures on income inequality”, in *Journal of Developing Areas*, Vol. 43, No. 2, pp. 51–77.

Organisation for Economic Co-operation and Development (OECD); Statistics Canada. 2000. *Literacy in the information age: Final report of the international adult literacy survey* (Paris).

Ortiz, L. 2010. “Not the right job, but a secure one: Over-education and temporary employment in France, Italy and Spain”, in *Work, Employment and Society*, Vol. 24, No. 1, pp. 47–64.

Rubb, S. 2003. “Overeducation in the labour market: A comment and re-analysis of a meta-analysis”, in *Economics of Education Review*, Vol. 22, No. 6, pp. 621–629.

Sparreboom, T.; Staneva, A. 2014. *Is education the solution to decent work for youth in developing economies? Identifying qualifications mismatch from 28 school-to-work transition surveys*, Work4Youth Publication Series No. 23 (Geneva, ILO).

Spaull, N.; Taylor, S. 2015. “Access to what? Creating a composite measure of educational quantity and educational quality for 11 African countries”, in *Comparative Education Review*, Vol. 59, No. 1, pp. 133–165.

United Nations Educational, Scientific and Cultural Organization (UNESCO). 2012. *Youth and skills: Putting education to work*, EFA Global Monitoring Report (Paris).

—. 2015a. *Education for All 2000–2015: Achievements and challenges*, EFA Global Monitoring Report (Paris).

—. 2015b. *Education 2030: Equity and quality with a lifelong learning perspective. Insights from the EFA Global Monitoring Report's World Inequality Database on Education (WIDE)*, Policy Paper 20 (Paris).

Vinod, H.D.; Kaushik, S.K. 2007. “Human capital and economic growth: Evidence from developing countries”, in *American Economist*, Vol. 51, No. 1, pp. 29–39.

附录

国际组织标准化国家及地区代码

ISO 3166－三个首字母

代码	国家及地区
ABW	阿鲁巴岛
AFG	阿富汗
AGO	安哥拉
AIA	安圭拉
ALB	阿尔巴尼亚
AND	安道尔
ANT	荷属安的列斯
ARE	阿拉伯联合酋长国
ARG	阿根廷
ARM	亚美尼亚
ASM	美属萨摩亚
ATG	安提瓜和巴布达
AUS	澳大利亚
AUT	奥地利
AZE	阿塞拜疆
BDI	布隆迪
BEL	比利时
BEN	贝宁
BFA	布基纳法索
BGD	孟加拉国
BGR	保加利亚
BHR	巴林
BHS	巴哈马
BIH	波斯尼亚和黑塞哥维那
BLR	白俄罗斯
BLZ	伯利兹
BMU	百慕大
BOL	玻利维亚，多民族国家
BRA	巴西
BRB	巴巴多斯
BRN	文莱
BTN	不丹
BWA	博茨瓦纳
CAF	中非共和国
CAN	加拿大
CHA	海峡群岛

代码	国家及地区
CHE	瑞士
CHL	智利
CHN	中国
CIV	科特迪瓦
CMR	喀麦隆
COD	刚果民主共和国
COG	刚果
COK	库克群岛
COL	哥伦比亚
COM	科摩罗
CPV	佛得角
CRI	哥斯达黎加
CUB	古巴
CUW	库拉索
CYM	开曼群岛
CYP	塞浦路斯
CZE	捷克
DEU	德国
DJI	吉布提
DMA	多米尼加
DNK	丹麦
DOM	多米尼加共和国
DZA	阿尔及利亚
ECU	厄瓜多尔
EGY	埃及
ERI	厄立特里亚
ESH	西撒哈拉
ESP	西班牙
EST	爱沙尼亚
ETH	埃塞俄比亚
FIN	芬兰
FJI	斐济
FLK	福克兰群岛（马尔维纳斯群岛）
FRA	法国
FRO	法罗群岛
FSM	密克罗尼西亚联邦
GAB	加蓬
GBR	英国
GEO	格鲁吉亚
GGY	格恩西岛
GHA	加纳

代码	国家及地区
GIB	直布罗陀
GIN	几内亚
GLP	瓜德罗普岛
GMB	冈比亚
GNB	几内亚比绍
GNQ	赤道几内亚
GRC	希腊
GRD	格林纳达
GRL	格陵兰
GTM	危地马拉
GUF	法属圭亚那
GUM	关岛
GUY	圭亚那
HKG	中国香港
HND	洪都拉斯
HRV	克罗地亚
HTI	海地
HUN	匈牙利
IDN	印度尼西亚
IMN	马恩岛
IND	印度
IRL	爱尔兰
IRN	伊朗伊斯兰共和国
IRQ	伊拉克
ISL	冰岛
ISR	以色列
ITA	意大利
JAM	牙买加
JEY	泽西
JOR	约旦
JPN	日本
KAZ	哈萨克斯坦
KEN	肯尼亚
KGZ	吉尔吉斯斯坦
KHM	柬埔寨
KIR	基里巴斯
KNA	圣基茨和尼维斯
KOR	韩国
KOS	科索沃
KWT	科威特
LAO	老挝人民民主共和国

代码	国家及地区
LBN	黎巴嫩
LBR	利比里亚
LBY	利比亚
LCA	圣卢西亚
LIE	列支敦士登
LKA	斯里兰卡
LSO	莱索托
LTU	立陶宛
LUX	卢森堡
LVA	拉脱维亚
MAC	中国澳门
MAF	圣马丁岛（法属）
MAR	摩洛哥
MCO	摩纳哥
MDA	摩尔多瓦共和国
MDG	马达加斯加
MDV	马尔代夫
MEX	墨西哥
MHL	马绍尔群岛
MKD	马其顿，前南斯拉夫共和国
MLI	马里
MLT	马耳他
MMR	缅甸
MNE	黑山共和国
MNG	蒙古国
MNP	北马里亚纳群岛
MOZ	莫桑比克
MRT	毛里塔尼亚
MSR	蒙特塞拉特
MTQ	马提尼克
MUS	毛里求斯
MWI	马拉维
MYS	马来西亚
MYT	马约特
NAM	纳米比亚
NCL	新喀里多尼亚
NER	尼日尔
NFK	诺福克岛
NGA	尼日利亚
NIC	尼加拉瓜
NIU	纽埃

代码	国家及地区
NLD	荷兰
NOR	挪威
NPL	尼泊尔
NRU	瑙鲁
NZL	新西兰
OMN	阿曼
PAK	巴基斯坦
PAN	巴拿马
PER	秘鲁
PHL	菲律宾
PLW	帕劳
PNG	巴布亚新几内亚
POL	波兰
PRI	波多黎各
PRK	朝鲜人民民主共和国
PRT	葡萄牙
PRY	巴拉圭
PSE	巴勒斯坦被占领土
PYF	法属波利尼西亚
QAT	卡塔尔
REU	留尼汪
ROU	罗马尼亚
RUS	俄罗斯联邦
RWA	卢旺达
SAU	沙特阿拉伯
SDN	苏丹
SEN	塞内加尔
SGP	新加坡
SHN	圣赫勒拿
SLB	所罗门群岛
SLE	塞拉利昂
SLV	萨尔瓦多
SMR	圣马力诺
SOM	索马里
SPM	圣皮埃尔和密克隆
SRB	塞尔维亚
SSD	南苏丹
STP	圣多美和普林西比
SUR	苏里南
SVK	斯洛伐克
SVN	斯洛文尼亚

代码	国家及地区
SWE	瑞典
SWZ	斯威士兰
SXM	圣马丁岛（荷兰所属）
SYC	塞舌尔
SYR	阿拉伯叙利亚共和国
TCA	特克斯和凯科斯群岛
TCD	乍得
TGO	多哥
THA	泰国
TJK	塔吉克斯坦
TKL	托克劳
TKM	土库曼斯坦
TLS	东帝汶
TON	汤加
TTO	特立尼达和多巴哥
TUN	突尼斯
TUR	土耳其
TUV	图瓦卢
TWN	中国台湾
TZA	坦桑尼亚联合共和国
UGA	乌干达
UKR	乌克兰
URY	乌拉圭
USA	美国
UZB	乌兹别克斯坦
VCT	圣文森特和格林纳丁斯
VEN	委内瑞拉玻利瓦尔共和国
VGB	英属维京群岛
VIR	美属维尔京群岛
VNM	越南
VUT	瓦努阿图
WLF	瓦利斯和福图纳群岛
WSM	萨摩亚
YEM	也门
ZAF	南非
ZMB	赞比亚
ZWE	津巴布韦

KILM 1. 劳动力参与率

引　言

劳动力参与率是一个国家中活跃于劳动力市场，或者就业或者寻找工作的适龄就业人口比例的衡量标准；可以显示相对于适龄工作人口，可从事商品生产和服务业的劳动力供给的相关规模。按照性别和年龄段的劳动力分类（以前叫经济活跃人口）简要描述了一个国家内的劳动力分布情况。

劳动力参与率可以把劳动力市场人口数量用适龄就业人口百分比表示。劳动力是就业人口数目和失业人口数目的总和。适龄人口为超过法定工作年龄（通常为15周岁及以上）的人口，但是基于各个国家法律和惯例的不同，各国法定工作年龄存在差异。

表1包含了按性别和年龄（分别按照年龄15+、15—24和25+分为总人口、青年和成年，表格中标明的除外）分组的劳动力参与率的国别评估结果。这个系列包含从1980年到2014年的219个经济体。KILM包括ILO根据以下标准年龄分组得出的劳动力参与率的估计结果的表格：15+、15—24、15—64、25—34、25—54、35—54、55—64和65+。该软件版本表1a中的参与率因为各个国家数据覆盖范围、收集和制表方法的差异以及军事服务要求等其他具体国家因素而被统一协调加工。[1] 系列数据包括国家报告的和转接的数据并仅包括国家层面的评估结果，覆盖范围无地理限制。这些统一的评估结果数据可以作为《全球就业趋势》系列中给出的ILO全球性和区域性劳动力参与率合集的基础，并且可在KILM第九版软件中的表R1中查阅。软件中的表1b以可获得的国别评估结果为基础。

指标的使用

劳动力参与率指标在研究确定一个国家人力资源规模和组成的要素及对未来劳工供应作出预测方面具有重要作用。该信息还可以用来制定就业政策，决定培训需求以及计算男性和女性人口的预期工作年限和就职率、退休率、经济活动——这些数据是社会保障体系财务计划的重要信息。

本指标还可以用于理解不同类别人口在劳动力市场中的行为。劳动力参与的水平和模式取决于就业机会和收入要求，这一点可能因人口类别不同而异。例如，研究已经表明女性的劳动力参与率在不同年龄会因婚姻状况和受教育水平而有所不同。劳动参与率的差异还存在于城市人口和农村人口之间以及不同的社会经济团体之间。

营养不良、残疾和慢性疾病会影响工作能力并因此被视作影响劳动力参与率的主要决定因素，尤其是在低收入的环境中。统计学家详细研究的另一方面为生育和女性劳动力参与率之间的关系。这种关系可用于从当前女性参与经济活动的模式预测生育率的演化。[2]

处于不同发展水平国家的总体劳动力参与率呈现出U形关系。在欠发达经济体中，可以观察出劳动力参与率随着经济增长而下降。经济增长有关于发展教育设施和延长学

1　这些劳动力评估结果以及对劳动力参与率的预测都会发表于ILO的在线数据库ILOSTAT。生成统一评估结果所使用的方法的更多信息，可以参考Bourmpoula，V.、Kapsos，S. 和 Pasteels，J. M.：“ILO对经济活跃人口的评估结果和预测：1990—2030（2013年版）”（ILO，日内瓦，2013）。

2　例如，ILO：“女性劳动力参与率和生育”，可以参考《劳动力市场关键指标》（*Key Indicators of the Labour Market*），第三版第一章（日内瓦，2003）。

习的时间，从劳动密集型的农业活动向城市经济活动的转变，以及获得的机会增加，特别是家庭中的主要工作年龄段（25—54 岁）人口的就业机会增加导致其他具有较低收入潜能的家庭成员可能会选择不工作。尽管这些因素对未来的影响较弱并展示出更多样的变化，但是这些因素会共同作用趋向于降低男性和女性的总体劳动力参与率。

按照年龄分组观察男性和女性的劳动力参与率同样具有指导性。青年（15—24 周岁）的劳动力活动反映出受教育机会的可获得性，而年长劳动者（55—64 周岁或 65 周岁及以上）的劳动力活动可以揭示对退休的态度和现存退休社会保障体系的情况。对于女性而言每个年龄分类的劳动力参与率通常低于男性。在主要工作年龄段中，女性劳动力参与率不仅低于相应的男性劳动力参与率，而且还展示出与男性相比稍微不同的模式。在女性的生命周期中，女性趋向于脱离劳动力而生育和抚养孩子——在孩子稍大一些的时候回归到经济活跃生活中——尽管回归的概率比较低。但是，在发达经济体中，女性劳动力参与率正日渐接近男性劳动力参与率。

在某种程度上，衡量劳动的方式可以对评估哪些男性和女性被纳入劳动力产生影响。如果没有在调查问卷中预先设置具体的有针对性的问题，特定劳工分组的参与率可能会被低估——特别是以下就业人员的数目：（a）在参考时间段内只工作数小时，特别是如果当这种情况不常发生时；（b）无偿就业；（c）就近或在家工作，因而混淆工作和个人活动的人员。处于以上情况中的女性多于男性，那么不难预计女性就业数目（因此女性劳动人口）的低估程度会高于男性就业数目的低估程度。

定义及数据来源

劳动力参与率被定义为劳动人口占适龄工作人口的比率，用百分比表示。劳动人口是就业人口数目和失业人口数目的总和。[1] 因此，统计劳动力参与率需要统计就业人口和失业人口。原则上就业人口应包含武装力量人员，包括常规武装人员和临时征兵。

按照其定义，劳动力参与率和劳动力市场的其他指标相关。当用 0 到 100 之间的数字表示参与率时，未参与率相当于 100 减去劳动力参与率。KILM 13 展示了统一的、按 KILM 软件表 1a 所使用的标准年龄段的人口分类标准计算的未参与率。就业人口比率（KILM 2）相当于从劳动力参与率分子中减去失业人口之后的劳动力参与率。失业率（KILM 9）与劳动力参与率和就业人口比相关，三个数据中任取两个数据就可以得出第三个数据的值。

劳动人口调查是决定劳动力参与率和相关指标首选信息的来源。这样的调查可以设计为涵盖所限定国家的所有居民人口、所有经济活动分支、所有经济部门和所有劳工分类，包括自就业、供养（无偿）家庭劳动者、非正式劳工和同时有多项工作的劳动者。另外，此类调查通常可以为在同一框架中同时衡量就业人口、失业人口和劳动人口以外人员提供机会。

人口普查是另一个劳动人口及其组成数据的主要来源。不过，从人口普查中获得的劳动力参与率偏低，因为大量的人口普查操作禁止招募接受过培训的调查员并且尤其未考虑详细探寻调查对象在劳动力市场的活动。

可比性限制

劳动力参与率的国别数据可能会因为概念和方法的差异而无法比较。影响数据可比

1 有关工作、就业和利用不充分的劳动力统计的解决方案，经 2013 年 10 月于日内瓦召开的第 19 届国际劳工统计学家会议采纳；http：//www. ilo. org/global/statistics - and - databases/standards - and - guidelines/resolutions - adopted - by - international - conferences - of - labour - statisticians/WCMS_ 230304/lang - - en/index. htm［可以参考 KILM 2 中的专栏 2 有关就业人口的节选和 KILM 9 中有关失业人口的节选，二者总和相当于“劳动人口”（当前活跃的人口）］。

性的最重要的单一因素就是数据来源。从人口普查中获得的劳动力参与率通常基于限定数目的个人经济特征方面的问题，难以进行详细的探查。因此，结果数据一般和相应的劳动人口调查数据不一致并且因普查中的问题数目和类型不同，各国之间的数据具有相当大的差异。机构普查和调查可以——按其性质——只提供就业人口方面的数据，省略失业人口以及在许多国家中游离在调查或者普查范围之外的从事于小型机构或非正式经济体的劳动者方面的数据。

就劳动人口数据的国际可比性而言，最具综合性的来源毋庸置疑为劳动人口调查。然而，除了其优点以外，劳动人口调查数据可能会在范围和覆盖方面具有不可比较因素，主要是因为包含或剔除特定的地理区域和编入与不编入征兵人员之间的不同。另外，不同国家对劳动人口概念的定义也存在不同，特别是在“家庭劳动者”及“失业和未寻找工作人员”有关的统计处理方面。

数据上的不可比还可能是由衡量劳动人口（之前称“经济活跃人口”）时所采用的年龄限定差异引起。部分国家已经采用非标准上限年龄限制来界定劳动人口，限定上限为65周岁或70周岁，这将会显著影响对比，特别是较高年龄层次方面的对比。最后，数据中时间节点的差异以及跨年度求平均方法的差异可能会导致统计结果的不可比性。

在很大程度上，那些可比较的问题在构建表1a所展示的ILO劳动力参与率评估结果时已经被处理过。只有代表整个国家（无地理限制）的居民劳动人口调查和人口普查数据才会用于构成评估结果。在有多个调查的国家，只有一种资料来源可以使用。如果该国劳动人口调查可得，那么会选择从该资料来源获得的劳动力参与率而非选择从人口普查中获得的劳动力参与率。

KILM 2. 就业人口比率

引　言

就业人口比率[1]的含义是指一个国家中适龄工作人口中就业人口的比重。这个比率高表示国家中已经就业的人数较多；而这个比率低，则表示有很大一部分人口没有直接参与到市场相关活动中，或者因为他们没有找到工作，或者（更有可能）已经完全退出劳动大军。

事实上，世界上每一个收集劳动市场状况信息的国家，理论上都必不可缺地要计算就业人口比率，尤其是适龄就业人口和总就业人口数。然而，适龄工作人口和总就业人口数据不总是公开的，人口的年龄分段也不可能十分明确，在这种情况下，收集到的就业数据往往没有伴随相应的就业人口比率。KILM 表 2 中显示了 215 个经济体的就业人口比率，其中在可能的情况下分出了性别和年龄组（总体、青年、成年）。

KILM 2 也包括了国际劳工组织对就业人口比率的估算，这能补充缺失的观察结果。表 2a 这个系列展示了国际数据、覆盖面和制表方式的不同，还说明了其他国家的特殊因素，比如军事服务需求。[2] 这其中包括全国性的数据和转接数据，所有的评估都是全国性的，也就是说在覆盖面上没有任何地理限制。作为国际劳工组织关于就业人口比率的全球性以及地域性集合的基础，这个系列的评估被全球就业趋势系列报道，并且把表 R2 应用于 KILM 第九版的软件中。表 2b 是基于可获得的就业人口比率制成的。

指标的使用

就业人口比率可以体现一个经济体创造就业的能力；对很多国家来说，这个指标比失业率更加重要。尽管，总体就业人口比率较高一般来说会更加积极，但是单看这一指标，不足以断定体面工作或者非体面工作[3]缺失的程度，还需要附加的指标来评判以下事宜：收入、工作时长、非正规部门工作、非充分工作以及工作条件。事实上，这个比率有可能会因为一些不必要的积极因素而升高，比如因为教育选择受到限制，一些年轻人倾向于投入工作，而不是待在学校积累人力资本。基于这些原因，强烈建议，在对特定国家劳动力市场政策进行评估时，对这些指标进行全面复审。

就业，特别是体面工作，是减少贫困的关键，这一概念在千年发展目标（MDG）中得到确认，它制定了一个以就业为基础的目标，也就是将世界极度贫穷人口的数目减半。就业人口比率作为四大指标之一，来衡量达到目标 1b 的进程，也就是“实现所有人充分并富有生产力的就业及体面工作，包括女人和年轻人”。[4] 随着千年发展目标将于

1　在本书中，我们一般将这个术语简写为“就业率”。

2　更多关于协调评估方法的信息，见国际劳工组织：《全球就业趋势 2011》（*Global Employment Trends* 2011），（日内瓦，2011）附件 4，“全球及区域评估注解”；http：//www. ilo. org/global/publications/books/WCMS_ 150440/lang－－en/index. htm。

3　由于国际劳工组织第 87 届国际劳动会议理事长报告《体面工作》（*Decent Work*），1999（日内瓦，1999）的发布，结合针对“保证各地男女体面工作”的政策和计划制定中，工作、就业、社会保障以及社会对话内的标准、基本原则和权利，“体面工作”的目标已经变为国际劳工组织的中心命令。更多信息见：http：//www. ilo. org/decentwork。

4　首个千年发展目标包括三个目的和九个指标；见官方列表：http：//mdgs. un. org/unsd/mdg/Host. aspx？Content＝Indicators/OfficialList. htm. 体面工作目标下的其他指标为人均国内生产总值的增长率（比如劳动生产率增长；KILM 16）、工作贫困率（KILM 17）以及脆弱就业率（KILM 3）。

2015 年接近尾声，对于千年发展目标之后的“可持续发展目标”（SDGs）体面工作在减少贫穷中扮演着越来越重要的角色。事实上，可持续目标 8 就是“促进包容的、可持续经济增长以及所有人就业和体面工作”。[1]

就业人口比率作为国家间和国民经济部门间劳动力市场进行比较的基础，使用得越来越频繁。仅仅使用就业人口数量不足以作为比较标准，除非将其表示为就业人口占总体适龄劳动人口的比例。一个拥有 3000 万就业人口的国家，看似优于一个拥有 300 万就业人口的国家，然而适龄劳动人口这一指标将会带给我们另一番景象；如果 A 国的 500 万总适龄劳动人口中有 300 万就业人口（就业人口比率为 60%），而 B 国 7000 万总适龄劳动人口中有 3000 万人就业（就业人口比率为 43%），那么 A 国的提供就业能力就要比 B 国的强。这个比率的使用帮助人们确定，一个国家或者国民经济部门，人口对于商品和服务业的贡献度。

当按性别划分时，就业人口比率会显示给定国家劳动市场活动中的性别差异。然而，需要强调的是，这个指标目前为止还存在性别歧视，现实情况是有些女性不认为自己现在的工作叫“就业”，或者有些女性不被他人接受为“正在工作”，这一部分女性是没有被计入统计数据的。女性通常在家看孩子或者全职做家务，这阻碍了她们寻找有偿工作。特别需要指出的是，很多女性寻找有偿工作的努力往往不受当地社会文化态度的支持或者没有得到支持女性平衡工作与家庭之间责任的家庭友好型政策或计划的协助。

定义及数据来源

就业人口比率的含义是，一个国家中适龄劳动人口就业的比重。青少年和成年的就业人口比率为，青少年和成年人口中就业的比率，一般情况下分别指的是 15—24 周岁，以及 25 周岁及以上人口的就业比重。

就业一词的含义由第 19 届国际劳工统计学家会议（ICLS）确定，指适龄劳动人群在短暂参考期间，从事的任何生产商品或提供服务并获得报酬或利益的行为。不论是在参考期内正在工作（比如：在参考期内至少工作一小时），还是因为短暂缺席或者工作时间安排[2]没有处于工作状态（见专栏 2）。

对于大多数国家，适龄工作人群被定义为 15 周岁及以上人群，但这一标准在各个国家间可能会有差异。对大多数国家来说，这个年龄直接反映了教育和工作资格的社会标准。然而在一些国家，尤其是发展中国家，通常需要将更年轻的工作者包括进来，因为“工作年龄”可以并经常更早。在这种情况下的一些国家，使用更低的官方界限，包含年龄更小的劳动者。相似地，一些国家工作年龄上限更高，比如 65 或 70 岁，虽然这一情况十分罕见。年龄限制上的差异也影响了青少年和成年团体分组。

抛开和年龄相关的问题，各个国家就业率的人口基数也是不同的。在大多数情况下，我们使用居住在私人住宅中的非体制人口，不包括武装力量、居住于精神病院、刑事拘留所或者其他类型机构中的个体。然而，许多国家将武装力量包含在就业率的人口基数中，即使他们的就业人口数量并不涵盖武装力量。一般来说，这一指标的信息应当来自于家庭调查，也可包括劳动力调查。然而一些国家使用“官方评估”或者人口普查结果，作为他们就业率数值的来源。

可比性限制

国家间就业率可比性的最主要影响因

1 可持续发展目标的官方列表以及相应目标（包括目标 8）见：http：//www. un. org/sustainabledevelopment/sustainable－developmentgoals/。

2 2013 年在日内瓦召开的第 19 届国际劳工统计学家会议采纳的《关于工作、就业以及劳动未充分利用统计》的决议，见 http：//www. ilo. org/global/statistics－and-databases/standards－and－guidelines/resolutions－adoptedby－international－conferences－of－labour－statisticians/WCMS_230304/lang－－en/index. htm。

专栏2. 第19届国际劳工统计学家会议通过的关于工作、就业和劳动力未充分利用统计的决议（2013年10月，相关段落）

概念及定义

就业（27—31段）

27. **就业人员**定义为，在短暂参考期内从事任何生产商品或提供服务活动，并获得报酬或利益的所有适龄劳动人员。他们包括：

a. “正在工作”的就业人员，例如：至少工作1小时的人员；

b. 因短暂缺勤或工作时间安排（比如轮班工作，灵活时间安排或者加班补偿休息）“未处于工作状态”的就业人员。

28. 报酬形式包括因工作时间或者工作量所支付的工资或薪水，或者关于就业相关收入最新国际统计标准中明确的，通过市场交易生产的商品或服务利润。

a. 它包括现金或者实物报酬，无论实际收到与否，也可能包含现金或实物形式的附加报酬；

b. 报酬可以直接给工作的个人，也可以间接支付给家庭或家庭成员。

29. 在短暂参考期中“暂时缺勤”的就业人员指的是，那些已经在现在职业中工作，短暂考察期时“不在工作状态”，但在缺勤期间仍保有这份工作的人员。在这种情况中：

a. “工作保留”建立在缺勤原因的基础上，而在一些特定原因中，继续接受报酬要依据统计源自称或上报的缺席时间而定；

b. 缺勤原因一般从本质上看持续时间较短。“工作保留”包括因为生病或受伤（包括职业病）而产生的病假，公共节假日或者年休假，法律规定的产假等；

c. 有关“工作保留”仍需进一步探究的缺勤原因包括：育婴假、教育离职、照顾他人、其他私人缺勤、罢工、停工或经济活动下降（比如临时解雇、消极怠工），工作解体或停职（例如：由于坏天气、机械的、电力的或者交通瘫痪、信息交流技术问题和原材料或石油短缺）：

（1）基于报酬接收和（或）缺勤时间的上限需要进一步检测。一般来说，缺勤时间按照法律或者通常规定的休假和（或）准许检测季节性模式的就业季应不超过3个月。如果能保证在同一经济单位中恢复就业，那么这个阶段可以超过3个月；

（2）基于操作目的，当总缺勤时间未知时，采用已经过去的缺勤时间。

30. 包括在就业内的有：

a. 在这份工作或者同经济单位另一份工作的要求下，在参加技能培训或技能提升活动中，仍然接受报酬或利益的人员，根据国际统计标准中关于工作时间的规定，这类人被认定为“在职者”；

b. 接受现金或实物报酬的学徒、实习生或受训者；

c. 通过就业晋升机制工作获得报酬或利益的人员；

专栏 2.（续）

d. 在自有经济单位，从事以售卖或物物交换为目的的商品生产人员，即使部分产出由家庭或家庭成员占有；

e. 季节性劳动者，在淡季的时候，如果除履行法定或行政义务（如交税）之外继续完成一些任务或劳动，无论是否获得报酬；

f. 报酬或利益支付给家庭或者家人的劳动者：

（1）工作于居住地相同或者另一住所的家庭成员所经营的市场单位；

（2）完成工作居住地相同或者另一住所的家庭成员下达的任务或职责；

g. 通过劳动获得现金或实物报酬的武装力量成员、军事或者其他公共服务人员。

31. 非就业人员包括：

a. 不接收现金或实物报酬的学徒、实习生或受训者；

b. 没有投入某一经济单位生产进程的，就业晋升机制中接收技能培训或再培训的参与者；

c. 因接受政府社会福利（比如失业保险）而被要求从事工作的人员；

d. 接收与就业无关的现金或实物转移的人员；

e. 在淡季停止工作或履行相关义务的季节性劳动者；

f. 获得返回原经济单位权利，但是因 29（c）段中规定原因缺勤的，总缺勤时间超过规定界限的和（或）报酬接受检测没有通过的人员。基于分析目的，收集总缺勤时间、缺席原因、获得收益等信息十分有用；

g. 不确定会返回原经济单位的、未确定离职的人员。

素为，对就业以及人口数定义的不同。其最大的区别在于年龄覆盖范围，比如适龄劳动力的年龄上下限。相关统计中是否包括武装力量也会引起对就业和人口评估的相应变动。

另一个重要影响因素是量度范围不同，这一点要遵守国际上针对特殊工作群体的规定。国际上劳动者的定义为包含参考期在内的所有工作超过 1 小时的人员。[1] 劳动者可以是有偿劳动，或者个体经营，包括一些不太明显的工作形式，其中有一些需要更详尽的决议，比如无偿家庭工作，学徒期或者非市场生产。在劳动力调查中就业人员的大多数例外，必须按照适用于变换就业情况的国际建议，做出轻微的国家间调整。比如，一些国家只计算有偿工作人数，一些国家只计算“所有工作人员”，也就是有偿工作者加上从法人股份获得报酬的股东。适用于有关总就业数测量“标准”的额外变化，包括在此之前家庭成员贡献的时间限制（超过 1 小时）。[2]

1 国际劳动力框架中，对于就业分类的一个小时限制也是有争议的。最主要的争议在于，将每周只投入经济活动 1 小时的人群定义为就业，另一方面却将每周工作 50 小时的人群定义为劳动力会导致对劳动力利用状况的过高估计。对量度劳动力未充分利用有兴趣的读者，可以参照国际劳工组织第 18 届国际劳工统计学家会议，机会文件 13 是《其他形式劳动未充分利用计算》，劳动未充分利用工作组，日内瓦，2008 年 11 月 4 日 - - 12 月 5 日；http：//www. ilo. org/global/statistics - anddatabases/meetings - and - event/international - conference - oflabour - statisticians/WCMS_ 100652/lang - - en/index. htm。

2 这些例外，在就业相关的所有 KILM 表格中的“覆盖范围限制”均有标注。家庭贡献工作者的最少工作时长，与 1954 年国际劳工组织采纳的老国际标准一致。根据 1954 年的国际劳工统计学家会议，家庭贡献工作者要求至少拥有正常工作时长的三分之一，才能被认定为就业。特殊待遇在 1982 年的国际劳工统计学家会议上废除。

在大多数情况下，我们使用家庭劳动力调查，这种调查提供的评估，符合国际劳工组织的定义和收集标准。极少数国家使用其他来源的数据，例如人口普查、官方评估或者专门的生活水平调查，这会给国际水平的比较造成困难。如果数据收集的频率差距很大，不同国家间比较也会出现较大问题。一年中，信息收集的频率可以从 1 个月到 12 个月不等。鉴不同国家的季节性因素种类不同，单单由于这个原因就业率就会不同。同时，就业水平在一年中也会发生变化，但是如果可用观察值很少，这一变化的影响就不会十分显著。没有做全年就业人口率调查的国家所提供的就业人口比率，将无法与全年或者每月收集相关数据的国家直接比较。比如，12 次（月度的）观察的年平均值，如果其他因素相同的话，很可能与 4 次（季度的）观察的年平均值不同。

KILM 3. 就业状况

引　言

就业状况指标的数据统计把劳动群体分成两大类：(a) 工薪人员（也称雇员）；(b) 个体经营工作者。该指标提供这两类劳动者占总体就业人口的百分比数据，包括不分性别统计数据和男女分开统计的数据。居然包括有员工的个体经营者（雇主）、没有员工的个体经营者（独立经营工作者）、生产合作社成员以及家庭贡献工作者（曾称为无酬家庭工作者）在内的，关于个体经营组的子分类信息所有国家均无记录，但以上就业形式在各个国家都有可能找到。表 3 目前覆盖了 194 个国家。

指标的使用

这个指标提供了按就业状况分类的关于劳动力分布的信息，同时可用于回答一个国家以下几类就业人员所占比重的问题：(a) 工薪人员；(b) 自营经济体，雇佣或未雇佣员工的工作者；(c) 在家庭单位中无酬工作者。根据就业状况国际分类，用于定义劳动群体的基本标准为，劳动者在工作中所面临的经济风险类型（个人与工作间的制度联系强度元素）以及机构或个人拥有的权力类型（包括工作者现在拥有的或作为就业显性或隐性结果将会拥有的权力）。[1]

一方面，根据就业状况划分就业信息，为描述劳动者的工作行为和工作条件以及定义个人所属的社会经济组织提供了统计基础。[2]一个国家中工薪阶级的比率高表示其经济发展水平先进。另一方面，如果独立经营工作者（没有员工的个体经营体）的比率很大，这可能说明经济结构大部分为农业，而正规经济部门增长水平较低。家庭贡献就业是一种支持市场生产的劳动形式，通常是没有薪酬的，但是报偿可能会以家庭收入形式间接体现。这在女性就业状况中十分普遍，尤其是那些生活于其他家庭成员从事个体工作（家庭生意或务农）的家庭中的女性。如果家庭贡献工作者占的比率较大，这个国家很可能发展缓慢，拥有较少的就业增长，普遍贫穷并且一般以乡村经济为主。

自营以及家庭贡献工作者一般很少有正式工作安排，因此往往会缺少与体面就业相关的元素，比如充分社会安全以及工作发言权。因此，这两种就业状况可以概括为一种“脆弱就业”的类型，而工薪阶层以及雇主构成“非脆弱就业”类型。脆弱就业比率，也就是脆弱就业人口在总就业人口数中所占份额，是千年发展目标（不再试用）关于体面工作的指标之一。[3] 全球只有不到一半的就业属于脆弱就业，但是在很多低收入国家，这个比率相对较高。

就业状况指标与按行业划分就业指标（KILM 4）关系密切。随着经济增长，人们会想要从农业向工业或者服务业转型，而这将会表现为工薪阶层数量的增多。同时，农业就业比重的降低会导致家庭贡献工作者的比率减少，这部分人广泛的分布于发展中国

1　1993 年第 15 届日内瓦国际劳工统计学家会议采纳的《关于就业状况国际分类的决议》；见：http://www.ilo.org/public/english/bureau/stat/download/res/icse.pdf。

2　联合国：《社会统计与指标，生产男女国际统计报告手册 K 系列》，14 号（纽约，1997），217 页。

3　见国际劳工组织：《劳动市场关键指标》第六版（日内瓦，2009），第一章，C 段；国际劳工组织：《劳动市场关键指标》第五版（日内瓦，2007），第一章，A 段；联合国：《千年发展目标报告 2013》（纽约，2013）。

家的农业部门。如果一个国家中个体经营者或家庭贡献工作者比重降低，而相应雇员比重上升，这个国家就正从非正式就业或农业部门低收入状态，转变为拥有高就业增长率的高收入状态。韩国和泰国就是例子，大量的就业地位转移伴随着经济增长。

就业分布比率的转变一般不像按行业划分就业转移那样敏锐和清晰。如果一个国家在工业和服务业中均有较多非正式就业，那么相比有少量非正式就业的国家来说，它可能拥有较大比重的个体经营和家庭贡献工作者（因此拥有高脆弱就业比率）。要确定国家相关比率是否有变化，查看各行业的就业状况可能更加直观。这种细节一般可以在当期的劳动力调查或人口普查中获得。[1]

定义及数据来源

国际上关于就业状况分类的建议在1950年之前已经出现。[2] 1958年，联合国统计委员会批准了国际就业状况分类（ICSE）的实施。在1993年的第15届国际劳工统计学家会议（ICLS）上，对分类定义进行了调整。1993年的修订版保留了已经存在的主要分类，但是试图改善区分的理论基础以及工薪就业和自营就业间的基本区别。

在1993年国际劳工统计学家会议中，定义的分类和摘要遵循以下原则：

i. **雇员**指一切拥有“有偿就业工作”类型的劳动者，在职者拥有显性（书面或口头）或隐性工作合同，这能给他们提供基本酬劳，且所提供的酬劳不直接依赖于他们所服务单位的收入。

ii. **雇主**指的是自己拥有一个单位或者有一个或多个合伙人，拥有“自我雇佣工作”，并在此情况下连续雇用一个或多个员工的工作者（例如报酬直接来源于生产的商品或服务收益）。

iii. **独立经营工作者**指的是自己拥有一个单位或者有一个或多个合伙人，拥有“个体经营工作”（见上述ii），并且没有长期雇佣员工的劳动者。

iv. **生产合作社成员**指的是拥有“个体经营工作”（见上述ii或iii），在合作社工作出产商品或服务的人群。

v. **家庭贡献工作者**指作为独立经营工作者，在同一家庭内家庭成员经营的、以市场为导向的机构中，拥有“个体经营工作”的人员。

vi. **无法按就业地位划分的工作者**包括无可用有效相关信息的劳动者，和（或）无法被纳入现行任何一种类别的劳动者。

就业状况指标显示国际就业状况分类定义中的所有6个分组。个体经营者及雇员这两个主要分组，占据了就业状况的两个主要类型。剩下的4个分组包括雇主（ii组）、独立经营工作者（iii组）、生产合作社成员（iv组）以及家庭贡献工作者（v组）是自主经营的子分类。整体就业数量被细分为各类就业分类数目，其百分比见表3。

正如之前提到的，脆弱就业率是家庭贡献工作者与独立经营工作者的总和占总就业人口的百分比。这个指标的大多数信息来自于劳动市场数据的国际数据库，包括国际劳工组织统计部门在线数据库（ILOSTAT）、欧盟统计办公室（EUROSTAT）、经济合作与发展组织（OECD）劳动力统计数据库、拉丁美洲和加勒比海劳动信息系统（QUIPUSTAT）以及各国统计办公室的网站补充。

可比性限制

就业状况指标可以用于了解特定国家劳动力就业状况分布如何随时间发生变化；这种分布在国家间有何不同；不同国家间几年中的相对变化情况。然而，由于信息渠道以

1 见国际劳工组织：《劳动市场关键指标》第五版（日内瓦，2007），第一章，B段。

2 第6届国际劳工统计学家会议（1947）和1950年联合国人口委员会，均提出了关于就业、失业以及人口普查统计的相关建议。

及比较方法的不同，国家间或者不同年份的相关定义以及覆盖面都会不同。

一些覆盖范围和定义上的改变可以忽视。例如，使用不同年龄覆盖面的劳动力调查信息来对比国家间就业状况时，覆盖范围和定义上的差异就不太重要（一般来说，使用的年龄覆盖面为 15 周岁及以上，但是一些国家使用相对较低的年龄限制，或者设置较高的年龄上限）。另外，在极少数案例中，个体经营中的生产合作社成员包含在工薪阶层中。这种不标准的分组产生的影响不太明显。要是只能获得合并后的子分类数据，那么个体经营中的更详细比较会十分困难。比如，在一些国家，独立经营工作者包括雇主、生产合作社成员，在特定时期还包括家庭贡献工作者。

需要注意的是，劳动力调查所获取的信息并不一定与就业所包含的信息一致。例如，报告非军事就业的人口情况，会导致低估“雇员”以及“无法按就业地位划分的工作者”的数量，尤其是在那些有大量武装力量的国家。而“自主经营者”和“家庭贡献工作者”这两类就业人群的数量不会被影响，虽然他们相关的份额会改变。

至于地理覆盖面，如果信息来源只覆盖城市地区或者特定城市，那所得的数据就无法与那些数据来源同时覆盖农村与城市（即包括全国）的信息公平比较。[1]

对于“工薪人员”，在覆盖面上需要注意的是，如无特殊说明，它指的是全体就业人口或者说是整体人口。加之，本章所使用的就业状况划分，不能作为工作地位的精细划分标准，因此不管劳动者是签订非正式合同还是正式合同以及合同是否提供解雇保护，所有的工薪阶层都是在同一个就业状况分组内的。

---

1 在此表格以及表格 4a－4d 中查询按行业划分就业时，我们强烈建议，排除那些数据没有覆盖全国的国家。在软件中，您可以使用查看全部数据，然后在“地理覆盖”下选择“只看全国”，来筛选参数。

KILM 4. 按照产业划分的就业

引　言

根据产业划分就业指标把就业分成了三大经济领域：农业、工业和服务业。表4a中给出了193个国家和地区这三个产业占总就业的比重。虽然在表4a中给定的大多数国家和地区（如撒哈拉以南非洲、中东以及非洲北部）只有很少几年的数据，但却涵盖了所有给定区域。由于用户可能对进一步细分的行业就业趋势感兴趣，所以KILM也包含了由所有经济活动的国际标准产业分类（ISIC）（见专栏4）定义的，展现具体行业就业划分的3个表格。表4b展现了最近修订的就业——按照国际标准产业分类第四版（2008）的指标方式——在总就业中所占比重；表4c展示了国际标准产业分类第三版（1990）指标方式在总就业中的比重；表4d根据国际标准产业分类第二版（1968）的主要分类（各版国际产业标准分类的一级行业分类见专栏4），展现了划分的行业领域。实际上，所有国家都有按性别区分的行业就业数据。

指标的使用

在确定就业转移以及发展阶段时，分领域信息尤其好用。在经济发展的教科书案例中，劳动从农业或者其他劳动密集型的初级活动，向工业，最终向服务业领域再分配；在这个过程中，劳动者从农村迁移到城市。在很多国家，服务业已成为就业量最大的产业。其余的大多数国家，农业生产仍是主要就业形式。

过于宽泛的分组可能会隐藏工业模式中的本质性变化。因此，关于表4b到4d的分析，能够使我们认定就业增长或停滞的单个工业或者服务业。随着观察在一段时间范围内更加细致的数据以及分领域工作空缺的信息，应该明确哪些行业的就业需求比较集中，同样地，也可以针对性地改善劳动供需关系，为政策制定者设计技能和培训项目提供指导。许多研究者的兴趣集中在制造业（国际标准产业分类4、表格分类C，国际标准产业分类3、表格分类D以及国际标准产业分类2、主要分类3）的就业状况。但其研究方向还包括其他方面，比如在旅游业占总产出最主要份额的国家中，住宿和餐饮服务行业的就业情况。

为了区分行业内生产力增长（比如：资本或技术变化引起的增长）和因为劳动者从低生产力领域向高生产力领域迁移引起的生产力增长，研究与生产力趋势相关的分行业就业流动也十分必要。

指标按性别划分，有助于按行业进行就业性别隔离分析。男性和女性在各行业内的就业分布一致吗？服务业中集中了大量女性吗？女性一般从事工作时间灵活的低收入服务，因为这样可以更好地平衡家庭责任和工作生活。特定行业对女性的分隔也可能是由于文化态度阻挡她们在这些领域就业。

定义及数据来源

表4a中展示的经济领域集合，为国际标准行业划分系统定义的农业、工业以及服务业。[1]

1　联合国《所有经济活动的国际标准产业分类》第三版，系列M，4号（纽约，1989；销售序号：E.90.XVII.11）。此书的以下语言版本也有供应：阿拉伯语、汉语、法语、俄语及西班牙语。国际标准行业分类见：http：//unstats.un.org/unsd/cr/registry/。

专栏 4. 一切经济活动的国际标准产业分类

修订版 2，1968 年——主要分类

0 无适当定义的经济活动
1 农业、捕猎业、林业和渔业
2 采矿和挖掘业
3 制造业
4 电力、天然气和水
5 建造业
6 批发零售贸易、餐饮和酒店业
7 运输业、仓储业和通讯业
8 金融、保险、房地产和商业服务业
9 社区、社会和个人服务业

修订版 3，1990 年———级分类[1]

A 农业、捕猎业和林业
B 渔业
C 采矿和挖掘业
D 制造业
E 电力、天然气和水供应
F 建造业
G 批发零售贸易，机动车辆、电动车、个人及家庭用品维修服务业
H 餐饮和酒店
I 运输业、服务业和通讯业
J 金融中介服务业
K 房地产、出租和商业活动服务业
L 公共行政与防卫系统；社会基本保障系统
M 教育
N 卫生与社会工作
O 其他团体、社会以及个人服务活动
P 有雇员的个体经营者
Q 有治外领土的组织或个人
X 无法用经济领域划分的行业

修订版 4，2008 年

国际标准产业分类第四版于 2008 年 8 月，被联合国统计协会采用，各国于 2009 年

1　2002 年 5 月，国际标准产业分类 3.1 取代了 3.0。由于变化只适用于更加精细的分类级次，也就是二至四级次，所以表 4c 中展现的一级分类在 3.1 版中保持不变。

专栏 4.（续）

汇报相关数据。这个版本的目的是保证其连续性的同时，增强与世界上使用的其他标准分类的相关性和可比性。国际标准行业分类第四版将新的经济生产结构和活动结合起来。而且，为了更好地反映世界当前经济组织的形式，第四版的结构与第三版有很大区别。与此同时，这次提出的分类结构提高了与其他标准的可比性，包括欧洲共同体经济活动分类（NACE）、北美工业分类系统（ANZSIC）、澳大利亚及新西兰标准工业分类（ANZSIC）。特别是，所有水平的分类都向欧洲共同体经济活动分类看齐，而北美工业分类系统和澳大利亚及新西兰标准工业分类之间拥有两位数水平的联系。

表格分类：

A 农业、捕猎业和林业
B 采矿和挖掘业
C 制造业
D 电力、天然气、蒸汽和空调供应
E 水供应；下水道系统、浪费管理以及整治活动
F 建造业
G 零售和批发贸易；机动车和摩托修理
H 运输和储存业
I 住宿和食品服务活动
J 信息和通讯业
K 金融和保险活动
L 房地产活动
M 职业、科学和技术活动
N 行政和支持服务活动
O 公共管理与国防；社会基本保障
P 教育
Q 人类卫生和社会工作活动
R 艺术、娱乐和消遣
S 其他服务活动
T 用户作为雇主生产活动；用户自用无差别商品和服务生产活动
U 拥有治外领土组织和个人活动

最新版本全部细节以及与之前版本的联系见：http：//unstats. un. org/unsd/cr/registry/isic -4. asp。

根据国际标准产业分类 2 的类别 1、国际标准产业分类 3 的类别 A 和 B 以及国际标准产业分类 4 的类别 A，农业领域包含农耕、捕猎、林业和渔业活动。根据国际标准产业分类 2 中主要分类 2 -5、国际标准产业分类 3 中分类 C - F 以及国际标准产业分类 4 中分类 B - F，工业包含采矿和挖掘业、制造业、建造业和公共设施（电力、天然气及水供应）。服务业部门由零售和批发贸易、餐厅和旅馆、运输、储藏及通讯、金

融、保险、房地产和商业服务、社区、社会及个人服务组成。这个领域与国际标准产业分类2中类别6－9或国际标准产业分类3中分类G－Q或国际标准产业分类4中G－U一致。根据不同版本国际标准产业分类，经济中三大部门计算方式见下表：

经济部门	国际标准产业分类2主要类别	国际标准产业分类3类别	国际标准产业分类4类别
农业	1	A+B	A
工业	2－5	C－F	B－F
服务	6－9	G－Q	G－U
无法定义领域	0	X	n/a

这个指标的信息来自于许多国际数据库以及各种数据来源，其中包括家庭和劳动力调查、官方评估及人口普查。在极少数情况下，或者只有在无法找到其他类型来源时，会使用行政记录和编制调查。这项指标的最基础数据来源为国际劳工组织的统计部门在线数据库和欧盟统计办公室，而这些都基于欧洲劳动力调查。这些资源也通过其他各种各样的渠道加以丰富，比如QUIPUSTAT拉丁美洲和加勒比海劳动信息系统，同时各国统计局的出版物和网站也做出了贡献。

可比性限制

一个国家所提供的分领域就业指标的信息，会因为评估中是否包含武装力量、个体经营者以及家庭贡献成员，而变得不尽相同。这些差异导致国家间元素无法比较。如果就业计算中包含武装力量，那它通常归属于服务领域；因此，相比于这些在就业计算中包含武装力量的国家，那些在服务领域中不包含武装力量的国家估算值就相对较小。编制调查中的信息只包含雇员（工薪阶层）；也就是说，个体经营者和家庭贡献成员是被排除在外的。在这种情况下，相比于那些没有任何就业状况的，记录全部就业数额的国家，尤其是农业领域的就业比重会严重缩水。在表4a中，埃塞俄比亚（1994）以及白俄罗斯（1987—1994）这两个国家只能找到编制调查记录。

如果收集到的国家信息包含所有就业或者整个国家的非军事的民用就业，那么由于其相似的覆盖面，这些国家的分行业就业比较就相对合理。在特定国家的一些年份，分行业信息只包含城市区域，所以只能记录少量农业工作或者根本没有。这种情况存在于拉丁美洲的一些国家。在分析这种数据时要特别注意。[1]

从1980年开始，不同的国际标准行业分类经常同时运用。相对多数的国家使用第三版，而非选择第二版或者最新的第四版。表4中的注解展示了每个国家每年使用的国际标准行业分类版本。有时候，一个国家在根据国际标准行业分类第三版开始收集某些新的数据系列后，可能继续使用国际标准行业分类第二版。在这种情况下，如果不同分类系统的两个系列数据出现在同一年中，那就以表4中的最新分类为准。虽然这些不同的分类系统，可能会对工业分类中细分领域的分类结果产生影响，但国际标准行业分类标准的变化，对表4a中显示的三个大分类影响不大。

1 在表4a－4d和表3中查询分领域行业地位时，如果要进行国家间比较，我们强烈建议排除那些未提供全国覆盖面的国家。在软件中，您可以使用查看全部数据，然后在“地理覆盖”下选择“只看全国”，来精炼参数。

KILM 5. 按照职业划分的就业

引　言

国际标准职业分类（ISCO）的最新版本 ISCO－08，根据多个版本的国际标准职业分类（ISCO）对于主要群体的定义，按职业分类的就业指标（包括分类工作）的统计数据。划分了十大主要职业群体：（1）管理人员；（2）专业人员；（3）技术人员和辅助专业人员；（4）文书后勤人员；（5）服务和销售人员；（6）农业、林业、渔业技术工人；（7）工艺以及相关贸易人员；（8）设备和机器的操作及装配人员；（9）基础职业；（10）武装部队人员。2008 年以来，许多国家已经逐渐适应了它们的国家体系，即按照 ISCO－08 的标准来报告数据。早年的数据以及那些尚未适应其国家体系的国家则根据之前的分类版本 ISCO－88 和 ISCO－68（这两个分类标准涉及的职业群体见专栏 5a）进行分类。

根据在 98 个国家中通行的 ISCO－08，表 5a 呈现了主要群体的数据，而表 5b 根据在 149 个国家可行的 ISCO－88 呈现了主要群体的数据。但有一些观测对每个地区都是通用的，很多撒哈拉以南的非洲国家缺少数据，中东和北非地区则数据更加稀少。表 5c 根据 ISCO－68 呈现了数据。该表包括 7 个国家的数据，主要涉及早年的数据。但也有一些国家继续根据 ISCO－88 和 ISCO－68 的标准来报告主要群体。

所有的专栏都包括就职人员的数量以及工人在职业群体中占所有雇员的百分数的份额，其中男性和女性分开表示。

指标的使用

职业统计数据用于研究劳动力市场，其范围从职业安全和健康到劳动力市场划分。职业分析报告了在教育规划、移民和就业服务方面的经济和劳动力政策。职业信息对于鉴定劳动力技能水平的变化是十分重要的。在许多发达的经济体以及发展中的经济体中，按职业分类进行就业的预测模型，用于给政策提供信息，满足未来的技能需求，以及对学生和求职者所期望的工作前景方面给出建议。令人满意的是，这一切的运行水平要比国际标准职业分类中的组别更加细化，并且比 KILM 表 5a 到表 5c 中所包含的信息要多。

经济体职业分布的变化能用于识别和分析发展的阶段。在经济发展的范例中，当劳动力从农业流向工业和服务业，这种流动可以在职业分布中见到。农业和渔业技术人员的份额通常将会减少，而增加的技能要求则很可能导致基础职业份额的减少，高技术职业群体的份额上升，比如专业人员和技术人员增加，以及提高教育素质水平的必要性。

发达国家的劳动力已经受过了良好的教育，高技能职业群体份额（见专栏 5a）的增加将知识经济的发展和额外的经济结构的变化联系起来。此外，在职业群体中的变化可能同样重要。例如，信息和通信技术（ICT）重要性的日益增加导致了该领域相关工作的增加。

性别指标的分类考虑到了就业中对性别隔离的分析。基于性别的劳动力市场分工是全世界劳动力市场上最普遍的特点，这在男性和女性的职业分布差异中得以体现（在部门分布中也一样）[1]。这种差异可以在详尽的职业分类水平上分析[2]，但即使是在最集成的水平上，还是会有很大的性别差异。

定义及数据来源

表5a—表5c将工作按不同的职业进行分类。根据ISCO－08，工作的定义是，由一人执行的一套任务和责任，包括雇主或是个体经营者。职业的定义是，一系列主要任务和责任高度类似的工作[3]。职业类别将所有的工作按群体分类，并按水平等级分类。ISCO－08有四级，在其最详细的级别将十大主要群体分解为次级紧要职业类别，次生业类别和单位组在最集成的水平上是十大主要群体（见专栏5a）。该表列出了ISCO－88和ISCO－68所定义的主要群体。关于ISCO－08的更多详细信息，请参阅专栏5b。

在ISCO－08中（以及在之前的ISCO－88中）将十大主要群体和四大技能水平联系起来。这些等级由国际教育标准分类（ISCED）中有关的教育水平定义。[4] 在ISCO－08中，所执行的工作的性质和特点由每个工作的技能水平定义，这优先于正式的教育要求。专栏5a总结了主要群体和技能水平的关系。[5] 利用国际教育标准分类（ISCED）类别来协助定义四种技能水平，并不意味着进行某项工作的任务和责任所需要的技能只能通过正规的教育获得。技能可能，并且通常是通过培训和经验（非正式的）获得的。此外，应强调的是，ISCO－88和ISCO－08二者重在要求实现职业的任务和责任，而不是雇员在特定的职位与同一职位的其他雇员相比是否更熟练或更有资格。

虽然在ISCO－88和ISCO－08中定义的十大主要群体在内容和名称方面相似，但根据这两个不同的版本，有的职业被分在不同的主要群体中。这些改变反映了技能要求的变化，将技术的改变和技能水平概念的改变应用于分类的设计，不强调正规教育的需求。因此，根据这两个版本，主要群体的分类数据不具有完全的可比性，并出现了连续的中断。

这个指标的信息主要由国际知识库搜集，他们直接从出版物或国家统计局的网站搜集数据。这个指标的主要知识库是国际劳工组织统计局和欧盟统计局。附加信息是从国家统计局获得的。大部分信息来源于劳动力调查，但在数量有限的一些国家中，信息从家庭调查、人口普查、官方预计，特别是表5c中被调查公司获得。

可比性限制

一国按职业分类的就业指导信息会根据军队是否包括在评估中而存在差异。军队构成一个单独的主要群体，但一些国家将大部分紧密的民间职业也包括在内，这取决于各个部队有关成员的工作类型，或是被纳入不可归类的工人。在一些国家，军队的成员被排除在重要数据来源之外，比如劳动力调查。因此，在一些国家，某些主要群体组合成一个更加聚合的群体。这些差异是各国之间不可比较的原因。

如果信息是建立在调查基础之上，它们大多受表5c的限制，调查只包括员工，这将导致所有就业覆盖范围的来源无法进行比

---

1 实例见ILO：《全球女性趋势2012》（日内瓦，2012）http：//www. ilo. org/global/research/global－reports/global－employment－trends/WCMS_ 195447/lang－－nl/index. htm。

2 实例见安克尔，R.：《世界职业的性别和职业性别隔离》（*Gender and job*，*Sex Segregation of occupations around the world*）（日内瓦，ILO，1998）。

3 《关于决议更新国际职业标准分类》采取了通过第三方会议专家在劳工统计方面关于更新国际职业分类（ISCO），2007. 12. 3－6；http：//www. ilo. org/public/english/bureau/stat/isco/docs/resol08. pdf。

4 更多关于国际标准教育分类细节，见KILM 14中章节。国际标准教育分类最新版本相关文件，见：http：//www. uis. unesco. org/Education/Pages/international－standardclassification－ofeducation. aspx。

5 技能水平的概念在ISCO－88中已作介绍，未在ISCO－68中被明确或系统地使用。

专栏 5a. 国际职业标准分类：主要群体

职业分类		ISCO 技能水平（见下文重点）
ISCO－2008－主要群体		
1	管理人员	3＋4
2	专业人员	4
3	技术人员和辅助专业人员	3
4	文书后勤人员	2
5	服务和销售人员	2
6	农业、林业、渔业技术工人	2
7	工艺以及相关贸易人员	2
8	设备和机器的操作及装配人员	2
9	基础职业	1
0	武装部队人员	1＋2＋4
ISCO－1988－主要群体		
1	立法者、高级官员和管理人员	－
2	专业人员	4
3	技术人员和辅助专业人员	3
4	办事员	2
5	服务人员以及商店和市场销售人员	2
6	农业和渔业技术人员	2
7	工艺和相关贸易行业人员	2
8	设备和机器的操作及装配人员	2
9	基础职业	1
0	军队	－
ISCO－1968－主要群体		
0/1	专业人员、技术人员以及相关人员	n. a.
2	行政和管理人员	n. a.
3	文书和相关人员	n. a.
4	销售人员	n. a.
5	服务人员	n. a.
6	农业、畜牧业和林业人员、渔民和猎人	n. a.
7/8/9	生产和相关人员，运输设备操作人员和劳动力	n. a.
X	不按职业分类的工人	n. a.
Y	军队成员	n. a.

重点：ISCO 技术水平

（1）ISCO 第一技术水平根据 ISCED 类别 1 定义，其中包括初级教育，受教育者一般开始于 5—7 岁，并持续大约五年。

（2）ISCO 第二技术水平根据 ISCED 类别 2 和类别 3 定义，其中包含中级教育的第一和第二阶段。第一阶段开始于 11 岁或 12 岁并持续大约三年，而第二阶段开始于 14 岁或 15 岁同时也持续大约三年的时间。有时还必须一段时间的在职培训和经验积累，或是正式成为学徒或实习生。这期间可以补充正式的培训或其他训练，甚至在某些情况下完全替换它。

（3）ISCO 第三技术水平根据 ISCED 类别 5 定义，包括那些始于 17 岁或 18 岁，持续大约四年的教育，其效果不等同于第一个大学学位。

（4）ISCO 第四技术水平根据 ISCED 类别6、7 和8 定义，包括高等教育，受教育一般年龄 17 岁或 18 岁，持续三年、四年或者更多年，并得到大学、研究生学位或同等学历。

专栏 5b. 2008 版国际职业标准分类

直到最近 ISCO－1988 还是使用最广泛的国际职业分类，现在已经被 ISCO－08 取代。修订分类后的目的在于：

- 提供国际报告同期的或相关的基准，比较并交流关于职业的统计和管理的信息；
- 对于国家和地区的职业分类的发展提供有用的模型；
- 能在尚未开发自己国家分类系统的国家中，提供直接使用的系统。

应该强调的是，当它作为一个模型，ISCO－08 的目的不在于替换任何现有的国家分类，作为单独的职业分类应该充分反映国家劳动力市场的结构和国家相关目的的信息需求。然而，国家的职业分类与 ISCO－08 在概念和结构上看齐，会使它更容易开发程序，从而使其职业统计数值具有国际可比性。

虽然 ISCO－08 和 ISCO－88 的框架和概念的基础没有本质的差别，但在处理一些职业群体时有显著差别。一些较为显著的变化包括（见全面概述资源）：

处理管理职业分类的部分已经被重组，以便克服 ISCO－88 的用户所遇到的问题。

考虑到鉴定专业的和与专业相关联的职业在信息和通讯技术领域中作为次主要群体。和信息与通讯技术有关的职业已经更新并扩大了。

提供健康服务相关的职业已经扩大。为了提供足够的细节给 ISCO－08 用于国际报告关于卫生人力的数据基础，这些职业被组合在一起，在可能的情况下提供两个次主要群体和单独的次要群体，并致力于健康服务业。

资料来源：国际劳工组织：《国际职业标准分类》（ISCO－08），日内瓦，2012；见 http：//www. ilo. org/wcmsp5/groups/public/dcomm/publ/documents/publication/wcms_ 172572. pdf。

较，比如劳动力调查。提到受影响的国家的数量时，如果职业信息只和城市地区相关，数据的不可比性更为明显。一些拉美国家有城市覆盖范围，人们在分析这些数据时应该谨慎。[1]

1　在表 5a－5c 和表 3 中查询按职业分类就业时，如果要进行国家间比较，我们强烈建议排除那些未提供全国覆盖面的国家。在软件中，您可以使用查看全部数据，然后在“地理覆盖”下选择“只看全国”，来精炼参数。

KILM 6. 兼职人员

引　言

兼职人员的指标对于个体而言，他们的工作时间少于“全职”，只作为总就业的一部分。持续全职工作一周的最少时间，没有一个国际认同的定义，其分界线按国家或是通过特定的预计来决定。计算这个指标的两种方式：总兼职就业作为总就业的一部分，有时被称为“兼职就业率”；由女性组成的兼职劳动力的百分比。表 6 包括了 104 个国家经济状况的信息。

指标的使用

在过去的几十年中，兼职工作在发达国家快速增长。这种趋势和女性劳动力的参与有关，也与政策尝试提高劳动力市场的灵活性，以应对各行业不断变化和增长的服务业工作和组织变化密不可分。重要的政策决定者明显朝着更为灵活的工作配置移动，但这种工作配置也有风险，与全职就业相比可能缺少经济安全和稳定。[1]

兼职就业一直被视为一种增加劳动力供应的手段。确实，兼职可能在工作和家庭责任这二者之间提供了更好的平衡，并且可能允许更多工作年龄的人真正加入劳动力之中。合适兼职的工作者，包括那些更喜欢短时间工作者和希望更多时间用于私人生活的人。高失业率国家的政策制定者推动兼职工作，试图重新分配工作时间，从而降低政治敏感的失业率，不用要求工作时间总量上的增加。

然而兼职工作并不总是一个选择。回顾 KILM 12，与时间有关的不充分就业，证明了大量的兼职者更喜欢全职工作。尽管灵活性可能是兼职的一大优点，但和其他全职工作相比也可能存在许多缺点。例如，兼职者可能会面临较低的时薪，丧失某种社会福利资格并且在职业和培训前景方面会受到更多的限制。[2] 20 世纪 90 年代初期，大多数经合组织国家（OECD）引进了提高兼职工作质量的方法，例如使兼职者的社会福利与全职工作者一致。然而介于兼职和全职之间的部分职业在大多数国家仍然是一个问题，因为它限制了兼职者的职业选择。[3]

根据性别寻找兼职就业是有用的，女性劳动力与男性劳动力相比更有可能从事兼职。[4] 年龄分类也很重要，并且通常证明年轻工作者（15—24 周岁）比成年人（25 周岁及以上）更有可能做兼职。[5] 兼职工作被推广原因之一是，它促进年轻人逐步进入劳动力市场并使年长的工作者逐步淡出劳动力市场。

1　回顾在工作时间配置方面的最近趋势，见宝林，J. －Y. 以及其他：《最近的工作时间：新工作，新趋势》（日内瓦，国际劳工组织，2006）和信使，J. C.：《在工业化国家中的工作时间和工人的偏好：找到平衡》（劳特里奇出版社，2004）。

2　“兼职工作有多好?”OECD 意见书，2010 年 7 月，http：//www. oecd. org/employment/emp/48806797. pdf。

3　见斯帕雷博姆，T.：“性别平等，兼职工作和种族隔离”，见第 73 届体面工作论坛，2013 年 2 月，国际劳工组织，日内瓦。

4　见国际劳工组织：《劳动力市场的关键指标》第七版（日内瓦，2011）第一章 B 部分，发达经济体中的性别平等，就业和兼职工作。

5　见国际劳工组织：《全球青年就业趋势 2013：有风险的一代》（日内瓦，2013）；http：//www. ILO. org/moscow/information － resources/publications/WCMS _ 345429/lang － － en/index. htm。

定义及数据来源

国际劳工组织对全职工作没有官方的定义，主要是因为它很难达到一个国际商定的全职和兼职的分界点，这些术语的含意在不同的国家会有差异。在1994年第81届国际劳工组织大会上，国际劳工组织将“兼职者”定义为“一般工作时间少于全职工作者的受雇人员”。[1] 因此，分界点留给每个国家自己定义。一些国家使用工作人员解释他们自己的就业情况用于区分全职与兼职工作；即调查根据他们如何理解他们的工作贡献来分类（例如，在表6中以源自欧盟统计局的欧洲劳动力的调查为基础）。其他国家使用的临界点则以通常或事实上每周工作的时间为基础。分界线通常是每周30—40小时。因此，那些每周工作时间达到35小时或者更多的人被认为是“全职工作人员”，而那些工作时间少于35小时的人则是“兼职工作人员”。

标准的一周工作时间的定义能为建立雇员利益的要求提供法律或文化基础，诸如卫生保健，和超过标准的一周工作时间的额外加班费。应该认识到，有些对“标准的”一周工作时间的理解，可能会比官方在统计意义上的对全职工作的分界点要高。换句话说，虽然一个一周工作35—40小时对于全世界大多数行业和工作场所而言是全职工作合适的临界点，国家统计的定义对于全职工作来说通常介于30—37小时之间。

在1997年，经合组织开始分析兼职工作定义并得出结论，兼职工作的定义基于30小时的阈值能更好地符合国际比较的目的。[2] 自那以后，在主要工作中使用30小时作为阈值，执行工作以协调成员国的数据，这在表6经合组织国家的数据中已有显示。

劳动力调查作为几乎所有在表6中涵盖的国家兼职工作的信息来源。公司以调查作为基础，其雇员信息直接来源于公司的薪金发放记录，这样便不可能提供个体工作的时间量的信息，因此，不能作为这个指标可信赖的来源。

劳动力调查是区分全职和兼职工作的首选信息来源的另一个原因是，在各个国家中不止一份工作的工人比例各有不同。在这种情况下，调查对象的主要工作也许会在兼职工作人员分类时起主导作用，但第二个工作（也可能是第三个工作）增加的信息可能促进标记他们的全职工作时间。换言之，一个人通常一周工作的总量决定全职或兼职的状态，而不是单个的工作。只有劳动力调查（和受众极为广泛的人口普查）能提供个体工作的总小时量的信息。尽管如此，许多国家的信息是基于劳动力调查并仍然只报告主要工作小时量，因此忽视了一个事实，劳动者在很多工作中的工作时间总和可能与全职者相同。[3]

表6注包括“一般”和“事实上”的工作时间区分。“一般工作时间”显示了人们通常在短期，比如一周，或者在一个月、一个季度、一个季节或一年的长期观察期的工作，它们包含所用的短期测量参考时期。[4] 一般工作时间通常包括正常工作时间和通常需要加班或额外工作的时间，无论有无薪水。一般工作时间并不考虑计划外的休假。例如，一个人通常一周工作40小时，但是在调查期间他有一天生病了（8小时），然而还是会被分类为全职工作人员（对于一个将35小时作为全职工作临界点的国家而言）。

---

1 见国际劳工组织：《劳动力市场的关键指标》，第七版（日内瓦，2011）第一章B部分“发达经济体中的性别平等、就业和兼职工作”。

2 OECD：“兼职工作的定义是为了国际比较”，《劳动力市场和社会政策》（*Labours Market and Gocial Policy*），第22期，（巴黎，1997）。

3 用户会发现职业覆盖的信息——所有的工作，只有主要工作，等等——在数据表的“工作范围”领域。

4 《关于工作时间测量的解决办法》，采用于第18届国际劳工统计学家会议，日内瓦，2008；http：//www. ILO. org/global/statistics - and - databases/standards - andguidelines/resolutions - adopted - by - international - conferences - of - labour - statisticians/WCMS_ 112455/lang - - en/index. htm。

可比性限制

兼职工作的信息在国家间明显不同，主要是因为不同的国家使用不同的全职工作定义以及因为他们有不同的文化或工作场所的规则。包括有劳动力资格的年龄也是变化的重要来源。准入年龄在不同的国家是不一样的，年龄上限也是如此。如果一个国家在调查中计算了 10 周岁以上的所有人，而另一个国家计算的是 16 周岁以上的所有人，出于这个原因，这两个国家就会在兼职就业率上有差异。同样的，一些国家没有工作年龄上限，而另一些国家划定了分界线，例如 65 周岁。任何与年龄相关的都会导致一些人被排除在“受雇的”这一分类之外；特别是作为兼职工作在老人组和年轻人组中流行，这将会降低被测量的兼职就业的发生率。然而改变的另一个基础源于使用的“做贡献的家庭工作者”这一定义。与那些有更高限制时间相比，比如 15 小时，国家没有以小时计算的限制（一个小时或更多）预计会有更多的兼职工作人员。

使用 OECD 数据集，讨论前一节中，当主要有利于不同国家的比较，也会有一些负面的影响。这些取决于集合中包括的每个国家的具体情况，随着国家在以下方面的变化：全职（或兼职）工作时间分界点的范围；在一般行业、特定行业或职业中的标准一周工作时间；全职和兼职测量的个体概念框架；以及给经合组织估计和调整的过程信息范围。[1]

尽管可能最大程度的协调范围，兼职测量仍然会根据标准一般或事实工作时间变化。基于事实上的工作时间的标准一般兼职率高于以一般工作时间为基础的标准，特别是如果由于假期、疾病等等所造成的临时工作时间的减少。因此，季节性的影响将会在事实工作时间的波动上起到重要作用。此外，主要工作或所有工作的详述也许都是重要的。在一些国家，临界时间是基于花费在主要工作上的时间。因此测量可能反映主要工作的一般或实际工作时间或者所有工作的一般或实际工作时间。

（因为这些差异和其他的针对某些国家的特定差异，不同国家之间的比较必须小心地进行。）尽管如此，兼职就业的测量对跨国比较比对单个国家在理解劳动力市场行为时更有意义。

1　对这些比较有极大兴趣的用户应该查看 OECD：“兼职工作的定义是为了国际比较”，《劳动力市场和社会政策》，前文已引用。

KILM 7. 工时

引　言

为了给出全世界就业者在工作活动中所投入的时间的整体景象，KILM 7 中包含与工作时间相关的两次测量。第一个测量和就业者每周工作的时间有关（表 7a），而第二个测量是每个人实际上工作的年平均时间（表 7b）。在表 7a 中的统计数值男性和女性被分开表示；根据年龄组（总数，年轻组、成年组）以及就业状况（总数，工资和领薪水的员工以及个体户）。下面的小时值用于表 7a：每周工作时间小于 15 小时，介于 15—29 小时之间，介于 30—34 小时之间，介于 35—39 小时之间，介于 40—48 小时之间和 49 小时及以上作为可用数据。目前，在表 7a 中呈现 98 个经济体的统计数值，在表 7b 中呈现 62 个经济体数值。

指标的使用

和工作时间有关的问题已经得到高度的关注，仅次于由全球金融危机引起的劳动力市场动态。尽管一些发达国家大力倡导要有灵活的工作时间，但失业率持续走低并稳定不变。[1] 工作的小时数超出中等的运转会对健康和幸福产生影响。[2] 一些在发达的经济体和发展中经济体中全职工作的人，表达了他们长期工作时间对他们的家庭和社区生活的影响。[3] 此外，工作的小时数会对工人的生产力和公司的人工成本造成影响。对于不同群体中个体而言，当监控工作和生活条件以及分析经济和广大的社会发展时，测量社会中工作时间的水平和趋势是十分重要的。[4]

在工作分配的灵活性方面雇主也表现出了兴趣。工人们不标准的工作分配正在增加。[5] 雇员可能只在一年或一周的部分时间工作，可能只在晚上或周末工作，可能在一天中的不同时间进入或离开工作场所。他们也许有不断变化的日计划或周计划，并可能在一段长时期内修改他们的工作时间规划，比如一个月或一年。总之，被雇佣的人每天或每周的工作时间可能出现很大的变化，并且一些简单计次或计算每周工作小时数，对于表明水平、趋势和工作量是不够的。

当个体劳动者由于一份或多份工作的薪酬不足，不得不工作超出“一般的”周工作时间时，人们可能会关注“过度的”工作时间。在表 7a 中，如果人们的工作时间在 49 小时及以上，他们可以被认为工作小时数过度（每周工作小时数在 40—48 小时的人员是否为工作小时数过度是有争议的，从某种程度上，依赖于国家环境。只有那些在该范围以上的人能被稳定地分类为工作小时数过度）。长时间的工作可能是自愿或非自愿的（被雇主利用的时候）。“与过度时

1　黑则，A.、马丁，S.：“在全球金融危机和早期复苏中短工作时间规划的作用”，IZA 劳动政策杂志，第二卷，第五号（波恩，劳工研究机构，2013）。

2　斯珀吉翁，A.：《工作时间：对安全和健康的影响》（日内瓦，国际劳工组织，2003），见：http://www.ILO.org/travail/whatwedo/publications/WCMS_TRAVAIL_PUB_25/lang-en/index.htm。

3　信使，J.C. 等：《工业国家中的工作时间和工人的偏好：寻找平衡》（劳特里奇出版社，2004）。

4　国际劳工组织：《报告 2：工作时间测量》，第 18 届国际劳工统计学家会议，日内瓦，2008 年 11-12 月；http://www.ILO.org/wcmsp5/groups/public/---dgreports/--stat/documents/publication/wcms_099576.pdf。

5　保健与安全方面的政策性建议，有利于提升家庭福利，提高生产率，便于工人对职业的选择并影响工人的工作时间。相关论述见李，S.、麦坎恩，D.、信使，J.：《全世界的工作时间》（日内瓦，国际劳工组织，2007）。

间相关的不充分就业”，也称为“工作过度”，被作为“在就业中的人想要或寻找比他们在提到的同等时间里做更少的工作这种情况里，无论是在同一个工作或在其他工作中，都伴随着收入的相应减少”。[1]

少数国家会实际测量“雇用过多”，所以测量的在就业中一周工作时间超过48小时的人可以被用作许多国家中一般工作超出所谓的“一般工作时间”的员工的代理人。然而，这种状况事实上不能被评估，所以没有什么能假设人们希望工作多少小时。显然，工时数量不同的国家人们希望工作的时间是不同的，并且取决于一些重要因素，比如文化标准、实际工资和发展水平等，而不是个人选择。

定义及数据来源

就业人数的百分比和每周工作时间支付的薪水（表7a）大多在工作信息的基础上计算，涵盖所有在职人员的家庭调查提供了雇员的实际工作小时数（例外由表7a中的备注认定）。一般来说，在调查周完全缺席工作的人会被排除。每个人的实际年工作时间（表7b）从家庭调查和公司调查的结果中估计。大多数情况下，覆盖所有的工作和雇员（雇佣劳动者和领薪水的工人）。

每周“实际工作时间”确定了就业者直接花费的时间，以及关于生产活动、停工时间和在相应的调查期间的休息时间（见专栏7）。[2]“实际工作时间”包括在工作场所花费的生产活动的时间（在决议中的“直接时间”）和其他的活动时间——那些也和工作相关的任务和责任的一部分（“相关的时间”）。后者可以包括，例如，清洁、准备工作工具和某些需要待命的责任。此概念也包括花费在工作场所的时间，如人出于一些原因在生产过程或工作组织中闲置时（停工时间），因为在此期间仍支付工资。举个例子，个体经营者虽然将继续为其他的任务和责任工作，但他们的雇主仍保有对他们的支配权。“实际工作时间”也包括短期休息（休息时间）花费在工作场所上的时间，因为它们对于人类是必要的并且因为它们很难分别区分，即使是受薪工人。例如，在这段时期中他们的雇主并没有“支配权”。如果没有工作要执行，午休时间被明确排除在外，因为他们平常有足够长的时间区分工作时间段。和所有类型的员工相关的国际定义——无论是受薪或自营，有偿或无偿以及在任何地方执行，包括街道、野外、家庭等等。

对于一些国家，数据只能从“一般工作时间”中获得。这种测量能明确一个人在工作中选定的时间段里最常见的每周工作计划。国际认同的“一般工作时间”统计学定义是指在任何工作中的一段典型的短时期内的工作时间，诸如一周，或更长的一段时间，或从技术上说，在长时间观察期内作为每周“实际工作时间”的形式价值。

年均实际工作时间，正如表7b中体现的一样，是每个就业者在一年之中实际工作时间的总和。测量包含兼职和一年中部分时间就业的变化，年假、带薪病假和其他形式的假期，以及每日和每周灵活的工作安排。传统的测量职业和每周工作小时（如表7a）不能这么做。以家庭为基础的调查，除非连续不断地进行，比如一年，否则很少有能通过长期调查人口来准确测量实际工作时间。公司调查也许比家庭调查使用更长的调查周期，但是不像后者，不会覆盖整个工作人群。因此，“年均实际工作时间”常常是在这些数据来源的基础上进行的估计。

---

1 国际劳工组织：《最终报告》，第16届国际劳工统计学家大会，日内瓦，1998年10月；http://www.IOL.org/public/english/bureau/stat/download/16thicls/repconf.pdf。

2 《关于工作时间测量的解决办法》，采用于第18届国际劳工统计学家会议（日内瓦，2008），http://www.ILO.org/global/statistics-and-databases/standards-and-guidelines/resolutions-adopted-by-international-conferences-oflabourstatisticians/WCMS_112455/lang--en/index.htm（见专栏7总结段和相关段）。

在表 7b 中，经济合作与发展组织（OECD）是每个人大部分年实际工作时间预计值的来源。经济合作与发展组织在表 7b 中对 9 个国家[1] 的估计基础是国民核算问卷调查，它们通过受雇人员在一年中的国内生产量来测量其工作时间（包括雇员和个体户）。工作时间是指在有效和一般工作时间内产生的，另加上加班并扣除病假、请假、休假和任何劳资冲突。估计时间和国家会计师作为计算生产力输入所使用的是一样的（每小时产出工作）。其他的国家（加拿大、芬兰、法国、德国、挪威和瑞典）提供的数据是基于它们自己的国民账户一致的系列。

经济合作与发展组织预计比利时、爱尔兰、卢森堡、荷兰和葡萄牙应用第二种预计程序，从立法和集体谈判处获得和“一般工作时间”有关的信息。它们由多样的周“一般工作时间”组成（由欧洲劳工调查测量），通过一年中就业人员工作的周数来表示。年假和法定节假日被扣除之后获得的净余数就是“年一般工作时间”。从一些诸如家庭或公司调查的来源所获得的加班时间预计会被算入，而从家庭调查或管理来源处获得的信息体现缺席的本质形式的时间消耗也将被扣除。实际上，当一年中的“一般工作时间”变化时需要进行额外的调整。

经济合作与发展组织之外的国家是基于一年中每周实际工作时间的数据来估计的，数据源于连续的家庭调查。当使用月或季度统计值时，需要调整一段时间之内的工作天数。对于法定假日和罢工活动则需要进一步的调整，通常是根据从管理源处获得的信息来调整。预计的结果可能被合计入“实际工作时间”总量中，然后通过年均就业人数进行划分。

可比性限制

基于实际工作时间的统计数值与基于一般工作时间的统计数值并不具有严格意义上的可比性。使用实际工作时间的 A 标准在一般领域的周平均值会高于一般工作时间，特别是由于假日、疾病或其他事由而引起的临时减少工作时间的时候，将会对测量周平均工作时间造成影响。季节效应也在实际工作时间的波动中发挥重要作用。另外，主要工作或所有工作的详述可能是重要的因素。在一些国家，临界时间是以在主要工作上花费的时间为基础；在其他国家则是指在所有工作中花费的时间总量。因此测量可能反映的是在主要工作或所有工作中的实际工作时间或一般工作时间。正因为这样的差异可能对于特定的国家具有特殊性，应该在表 7a 中关注不同的国家间的比较。

对于年工作时间的不同估计方法很大程度上取决于可获取信息的种类和质量，这可能会导致该估计没有可比性。所有提出的估计都来源于调查和其他资料的数值，通常的来源是国家统计机构。在这种情况下，很难评价估计方面的差异对不同国家可比性的影响。

在预计的各种时间中，各种各样数据的收集方法也是导致变化的重要原因。一方面，家庭调查（包括人口普查）从人们的工作或能覆盖整个人口其他家庭成员处获得数据，因此包括个体经营。因为他们使用这些被提供的信息，回复中可能包括大量的错误。另一方面，从公司调查所获得的出勤和报酬方面的数据取决于记录的种类、范围和质量。报告中的加班时间可能更长，信息可能包括未发现的偏差。此外，劳动者的覆盖范围可能是不完整的，因为这些调查倾向于大中型公司中正式部门的正式职员，而将管理人员、外围职员和个体户排除在外。

工作时间统计数值的可比性是复杂的，甚至比以多个来源为基础的估计更复杂。结

[1] 奥地利、丹麦、希腊、意大利、韩国、斯洛文尼亚、西班牙、瑞士和土耳其。

专栏 7. 第 18 届国际劳工统计学家会议通过的关于测量工作时间的决议（2008 年 11—12 月）

总结

2008 年，国际劳工统计学家会议（ICLS）通过了关于测量工作时间的决议。该决议修改了现有的工作小时数据标准（于 1962 年第 13 届国际劳工统计学家会议通过的关于测量工作时间的决议），目的在于反映所有经济成分中的个体工作时间以及所有生产活动的形式，有助于人人都有体面工作。与之前的国际定义相比，提供大量测量的方法和指导，从而作为国家和相关数据的国际可比性的指导方针来提高使用标准。

该决议提供七种工作时间概念的定义，它们与个人以及工作中的生产活动有关：

- 实际工作小时数，为了统计合适的工作和工作人员的工作时间的关键概念；
- 按小时支付，和小时数有关的报酬，不是所有都与生产相对应；
- 一般工作小时数，指的是合法的普遍工作时间；
- 合约上的工作小时可能和个体生产工作的报酬不相符，个体期待根据与一般工作时间不同的合同来工作；
- 通常工作小时，在一项工作一段长时间的观察期中最常见的小时数；
- 加班所用小时数，超出合同或标准的小时数；
- 工作时间的缺席时间，工作人员不工作的小时数；

它还提供了两种工作时间安排的定义，它们描述了工作中工作时间的特点，即工作时间的组织和行程安排。不管工作的类型或工作时间安排的形式如何，这些特点的特定组合已经具有了法律效力。

有关段落

概念和定义

实际工作时间

11.

（1）实际工作时间是指在特定的一段短期或长期的调查期间内对生产和（或）服务有贡献的工作中所花费的时间。实际工作时间适用于所有类型的工作（SNA 生产界限内外）并未把行政和法律概念联系起来。

（2）实际工作时间在 SNA 界限内测量，包括直接花费的时间，涉及生产活动所花费的时间。停工时间和休息时间。

（a）“直接时间”是指执行工作的任务和责任时花费的时间。这可能发生在任何场所（经济领域、公司、街道、家里）并且在加班期间和未工作的其他时间段内（例如午休时间和上下班时间）。

（b）“相关时间”指的是在维持、促进或提高生产活动以及如下活动中所花费的时间：

（i）清洗、修复、准备、设计、管理或维护工具、设备、流程、程序或工作地点本身，更换时间（换上工作服），净化或洗涤时间；

专栏 7.（续）

（ii）从市场或原产地购买或运输货物或基本材料；

（iii）等待业务、顾客或病人，作为工作时间安排的一部分和（或）直接支付的一部分；

（iv）随时候召的工作，无论是有偿还是无偿，都可能在工作地点（比如健康和其他必要的服务）发生或远离工作地点的地方（比如家里）发生。在后者这种情况下，实际工作时间取决于劳动者活动和运动的程度限制。为了工作而被召回所花费的时间被认为是直接的工作时间；

（v）在工作地点之间的移动，到抵达项目地、渔区、任务、会议或满足顾客或客户需要的活动（例如挨家挨户地售卖或巡回的活动）。

（vi）工作或同经济单位中的其他工作需要加强培训或技能训练，在工作场所或远离工作场所进行。在有偿工作中这可能由雇主或其他单位提供。

（c）"停工时间"，与"直接"和"相关时间"不同，是指劳动者在工作中由于机器或处理故障、事故，缺少供能或网络连接等问题而造成的不能工作的时间，但是仍可用于工作。这在工作中是不可避免的、固有的，包括技术上、材料上或经济性质的暂时性中断。

（d）"休息时间"指的是短暂的休息和放松所花费的时间，包括茶点时间、咖啡时间或祈祷时间，通常根据公司标准和（或）国家情况来制定，由习惯和合同来约定。

（3）实际工作时间在 SNA 界限内测量，并将非工作时间的活动排除在外，比如：

（a）年假、法定假日、病假、陪产假或育儿假，其他因个人原因、家庭原因或公民义务而造成的休假。这些未工作的时间是缺勤的一部分（参考 17 段中的定义）；

（b）上下班时间是没有生产活动时往返于工作所在地和家之间的一段时间；有偿就业，即由雇主支付薪酬；

（c）花费在教育活动方面的时间不同于 11 段（2）（b）（vi）中提到的，由雇主授权，支付薪酬或提供有偿就业；

（d）当没有进行生产活动时，长时间的间歇不同于短期休息时间（比如用餐时间或长途旅行中的休息时间），作为有偿就业，由雇主支付薪酬。

通常工作时间

15.

（1）通常工作时间是以一周或长达一个月、一个季度或一年的观察期来作为参考的实际工作小时的代表值，包括用于短期参考的测量时期。通常工作时间适用于所有类型的工作（SNA 生产界限内外）。

（2）代表值可能是每周或长期观察的实际工作时间中最常出现的值。它是十分有意义的。

（3）通常工作时间提供了一种方式来获得超过合同时间的工作时间。

（4）测量通常工作时间的调查期应该和用于测量就业和家庭服务和志愿工作的调查期一样。

果主要由家庭调查和公司调查（或其他管理源）补充，反之亦然。这种情况下，多种调查方式被记录在注解相应的列表中。因为这些原因，主要提供国家统计值的 OECD 仔细记录了“每个人年均工作小时的数据目的在于比较变化趋势；它们对于给定年份的年均工作小时的比较是不合适的，因为它们的来源不同”。[1]

1 见 OECD 年度出版物的统计附录：“就业展望”。

KILM 8. 非正式就业

引　　言

KILM 8 指标是总非农就业中以百分比表示的非正式经济中的就业测量值。在与非正式经济有关的定义和数据收集方法论方面有很大变化。现在，一些国家是根据 2003 年关于非正式就业的统计学定义来提供数据的。[1] KILM 第九版包含了国家对非正式就业的估计。KILM 8 报告了非正式就业、非正式部门的就业和在非正式部门之外的非正式就业。根据第 15 届国际劳工统计学家会议（ICLS）的决议测量的非正式部门的就业信息也包括在内。建议用户检查每个记录特定的定义并在进行国与国之间比较时加以考虑。

表 8 包括了 62 个国家的国家评估。可用数据处不仅给出了明确的性别分类指标。在大多数情况下，还给出了作为绝对数和总非农就业百分数的非正式就业个人信息。

指标的使用

非正式部门是经济的重要部分之一，也是劳动力市场的重要部分，在许多国家中它在创造就业、鼓励生产和增加收入上起主要作用。人口增长和城市化速度快的国家，非正式部门将大部分的劳动力吸引到城市地区。非正式就业，在缺少社会安全保障的国家提供了必要的生存策略，比如失业险或低薪酬和低养老金，特别是在公共部门。在这些情况下，像失业率（KILM 9）和与时间有关的不充分就业（KILM 12）指标不足以完全描述劳动力市场。

全球化进程也在许多国家中为提高非正式就业的比例做出了贡献。全球竞争通过鼓励正规公司雇佣低薪酬和低福利的员工或外包（转包）货物和服务的生产侵蚀了雇佣关系。[2] 另外，正式经济产业结构的调整就是通过外包让小企业来分散生产，而很多小企业都是非正式的部门。

非正式经济给追求以下目标的政策制定者带来了挑战：改善工作条件，非正式部门中的人和非正式就业的雇员也受到法律和社会的保护；增加非正式经济活动的生产力；发展培训和提高技能；组织非正式部门的生产者和员工；实施合适的管理框架，政府改革和城市发展等等。贫穷和非正式经济一样，也是一个政策问题。尽管不是完全相关，但在非正式就业和贫穷之间确实存在联系。这源于非正式就业在劳动立法和社会保障方面的缺乏，也源于在非正式就业中人们平均薪酬式收益少于正式就业这一事实。

为了清楚了解所有人群，特别是女性对于经济的贡献，非正式就业的统计数值必不可少。此外，非正式就业被认为是“被排除在有偿就业之外的女性的退路……非正式就业主要指自营职业。这对于发展中国家的女性而言是重要的生活来源，特别是对于那些在文化规范阻碍她们外出工作的地区的女

---

1 《关于非正式就业的数据定义的指南》，由第 17 届国际劳工统计学家会议通过，2003 年，日内瓦；http：//www. ilo. org/global/statistics - and - databases/standards - andguidelines/guidelines - adopted - by - international - conferencesof - labour - statisticians/WCMS_ 087622/lang - - en/index. htm。

2 巴凯塔，M. 等人：《发展中国家的全球化和非正式工作》（日内瓦，ILO 和 WTO，2009）；http：//www. wto. org/english/res_ e/booksp_ e/jobs_ devel_ countries_ e. pdf。

性和因为家庭冲突而无法进行定期工作的女性”。[1]

定义及数据来源[2]

1993 年，在第 15 届 ICLS 上通过了非正式部门中的就业统计概念。[3] 20 多年后，非正式就业的概念已经发生了变化，范围从特定的生产单位（或企业）的就业扩大到整体经济层面，且 KILM 第九版定义的重点是非正式经济指标的发展和协调。[4] 从非正式部门到非正式经济的概念转变（下面将进一步说明），在技术有效并值得推荐的时候，作为现实世界的反映，因“充满困难”的衡量标准受到质疑，本章描述了现有的非正式就业的统计数值。然而，因为它需要花费时间确立“新”的统计概念，在未来的几年间，一些国家还将继续在非正式部门中报告就业这一概念。国家统计局复制了表 8，根据更宽泛的统计概念进行了测量，都不存在数据，其中也包括定义。

定义之间有许多细微而又复杂的差别。“经济体”从广义上来说，它包括雇佣劳动力的单位和那些个人独立营运的，或由家人无偿帮助的个体户。如果从事的是非正式企业，所有就业的状况都被包括在内。因此，个体摊贩、出租车司机和家庭工作都被认为是就业。就业规模的大小是建立标准的逻辑基础，根据劳动和社会保障法律，低于某个数值的雇员登记通常是免税的，因为政府缺少资源来处理大量的小企业（它们中的许多都有高营业额或缺少易识别的特征），但税收和劳动执法除外。

一些有时和非正式部门一致的劳动因为实际情况和方法论的原因没有包含在非正式经济的定义中。被排除在外的活动有：农业和与之相关的劳动，专供自己使用的家庭生产（例如自给自足式农业），家务，关爱工作和有偿家政人员以及进行社区服务的志愿者。

非正式部门的定义随后被列入到国民经济核算体系中（SNA 1993 和 SNA 2008），由联合国统计委员会提议，并经联合国经济和社会理事会审议通过。[5] SNA 中的内容被认为是十分重要的，因为它明确了定义非正式部门的先决条件，确立了它作为国民核算中的独立实体存在，并据此量化了非正式部门对国内生产总值的贡献。

非正式就业

第 15 届 ICLS 的定义涉及非正式部门以及就业。统计界认为，按目前的定义，非正式就业可以存在于非正式经济体。例如临时工、短期工和季节工，他们能被非正式雇佣，但缺少社会保障、健康福利、法律地位、自由和权利。当他们被正式部门雇佣时，他们没有考虑在非正式部门就业的权益。

在 21 世纪初期，更多和更好的非正式经济方面的统计需求不断增长，其统计值涉及正式部门内外的非正式就业。这些统计值的用户之间有渐进的互动，有专家组（德里组）在非正式部门发现，一个国际论坛里统计学家和统计数值用户关心非正式部门的测量并提高非正式部门数据的质量和可比性，目的是为了促进非正式的概念更广为人知。这个想法是为了更宽泛地补充在非正式

---

1 联合国：《国家的男性和女性生产的统计数值报告》，社会统计数据和指标，K 系列，第 14 号（纽约，1997），第 232 页。

2 本章的大部分内容（包括表在内）都来源于 ILO：《非正式经济和体面的工作：政策资源指导向正式化转变》，第二章（日内瓦，国际劳工组织，2013）；http：//www. ilo. org/emppolicy/pubs/WCMS_ 212688/lang – – en/index. htm。

3 第 15 届国际劳工统计学家会议通过了《关于非正式部门中的就业统计数据的决议》，日内瓦，1993 年；http：//www. ilo. org/global/statistics – and – databases/standards – and – guidelines/resolutions – adopted – by – international – conferences – of – labourstatisticians/WCMS _ 087484/lang – – en/index. htm。

4 全面测量非正式的更多细节，参考《ILO 测量非正式手册：就业》（国际劳工组织，2013）；http：//www. ilo. ch/global/publications/ilo – bookstore/order – online/books/WCMS_ 222979/lang – – en/index. htm。

5 国民经济核算体系（SNA，1993）信息可从联合国统计司纽约部获得。见 http：//unstats. un. org/unsd/nationalaccount/。

专栏 8a. 避免混淆非正式经济的相关术语

在统计数值之内，使用准确的术语是十分重要的。对于外行人，术语“非正式部门”、“非正式经济”、“ 非正式部门中的就业” 和“非正式就业” 是可互换的。其实并非如此。每个术语之间都有细微的差别，从技术的观点上来看这种差别是极其重要的。为了便于查询，以下是非正式以及技术性的定义相关的术语：

(a) 非正式经济	在法律或实际中，通过员工或经济单位进行的所有经济活动，没有覆盖或不足以覆盖正式的安排（根据 ILC 2002）
(b) 非正式部门	生产单位的群组（ 家庭自营的企业未包含在内)，包括“非正式的自营企业” 和“非正式雇主的企业”（根据第 15 届 ICLS）
(c) 企业的非正式部门	未登记的和（或）小型私人企业从事于非农活动，至少具有一些商品或服务将会进行售卖或以物换物
(d) 非正式部门中的就业	所有在企业的非正式部门（c）或至少在一个非正式部门企业的工作，不论劳动者在就业中的状况也不论这是不是劳动者的主要工作（根据第 15 届 ICLS）
(e) 非正式就业工资	所有职员的工作由雇佣关系决定，而不是由国家劳动法、所得税、社会保障或具体公司福利的津贴来管制（根据第 17 届 ICLS）
(f) 非正式就业	不管在正式部门企业、非正式部门企业，还是在家，非正式工作的总数量包括雇员拥有非正式就业工资（e）的职员；在自己的非正式部门企业中工作的；非正式生产合作社的成员；在正式部门企业或非正式部门企业中有贡献的家政人员；利用家庭关系参与商品生产的自营工作者（根据第 17 届 ICLS）
(g) 非正式经济中的就业	非正式部门中的就业（d）以及非正式部门之外的非正式就业（f）的总数，该术语没有被第 17 届 ICLS 认可

资料来源：国际劳工组织：《非正式经济和体面的工作：政策方法的指导支持向正式改变》，第二章（日内瓦，国际劳工组织，2013）。

部门中以企业为基础的就业概念，并完善以工作为基础的非正式就业。在 2001 年第五次会议上，德里小组呼吁应用统计学定义的发展以及非正式就业的测量框架，来完善现有的非正式部门中的就业标准。

国际劳工组织统计局和第 17 届 ICLS 开始构建发展新框架，以更好地捕捉非正式现象。根据 2002 年通过的国际劳工大会，国际劳工组织将框架概念化以定义非正式经济。非正式经济被定义为“在法律或实践中，通过工人或经济单位的所有经济活动，没有覆盖或不足以覆盖正式的安排”。2003 年，第 17 届 ICLS 通过了指导方针，它认可将框架作为国际统计标准。[1]

1　所引用的文献为《关于非正式就业的数据定义的指南》。

在非正式概念的发展过程中（见专栏8b），接受的多种非正式经济的概念（见专栏8a）是十分重要，但不是将广泛的概念都纳入“非正式就业”的各个方面。第17届ICLS不认可将“非正式经济中的就业”这一术语用来表示非正式经济的总数。原因有：(i) 不应该混淆所涉及的观察单位的种类（企业对比工作）；(ii) 一些政策干预将用于企业和其他工作；(iii) 从第15届ICLS开始的非正式部门这一概念一直沿用下来，但与非正式就业有区别，它已经成为SNA的一部分并且很多国家都以这个定义为基础来收集统计数据。

第17届ICLS通过非正式就业定义了非正式经济的总数，即在给定的调查期内，无论是在企业的正式部门、非正式部门，还是在家执行都包括在内：

i. 自营工作者（为自己工作而无雇员）在他们自己企业的非正式部门；

ii. 雇主（自己经营且有雇员）在他们自己企业的非正式部门；

iii. 有贡献的家政人员，和企业无关的类型；

iv. 非正式生产合作的成员（不是由法人实体建立的）；

v. 根据雇佣关系（从法律上或实际上考虑，不受国家劳动法、所得税、社会保障或某公司福利的津贴，例如带薪年假、病假等等的管制）定义什么是拥有非正式工作的雇员。

vi. 自营工作者利用他们的家庭参与到生产中。

在非正式部门的就业统计数据中可以完全得到i、ii和iv项。其余的情况是否包含其中，取决于生产单位的性质，在何处发生就业活动（也就是如果相信非正式企业）。框架的主要新因素是术语v——拥有非正式工作的雇员。这个分类在许多国家获取了大量“在非正式部门之外的非正式就业”信息，并包括了一些雇员的“雇佣关系是在法律上或在实际上存在，而不是由国家劳动法、所得税、社会保障或具体公司福利的津贴来管制（如解雇、服务费、带薪年假或病假，等等）”。这些情况包括：

- 没有明确签订合同或不受劳动法保护的未登记雇员；
- 没有从带薪年假、病假、社会保障和养老金方案中获益的员工；
- 由家庭雇用的大多数有偿家政人员；
- 大多数临时工、短期工和季节工。

国际劳工组织统计局在发展收集非正式部门的数据方面起主要作用，在此收集和发表官方统计数值，并给国家统计机关提供技术上的帮助，加强搜集数据的能力。1998年该局建立了非正式部门的数据库，随后该数据库被用做表8中的数据基础。该数据在2001年连同官方的国家统计数据和相关的方法论信息进行了更新，并在2012年再次更新。截至2014年，该局已经建立了非正式这一主题，并编辑它的常规年度数据，以给国际劳工组织的在线数据库（ILO STAT）提供常规的更新。这些数据补充了一些国际劳工组织地区机构从拉丁美洲获得的额外数据，被用作表8产品的知识库。

可比性限制

非正式部门的概念有意保持灵活多变，目的是为了适应国家的状况和特定的国家需求。实际上，这导致了一些国家关于非正式部门就业的统计数据的收集，按它们的喜好标准来报告，而这些标准存在于第15届ICLS的决议中。一些国家只应用非农企业的标准，但是该标准登记的要求在不同的国家是不一样的。一些国家只应用就业规模标准（国与国之间可能存在不同），还有一些国家则仍将这两个标准结合使用。

国家之间关于定义和覆盖范围的差异导致了非正式部门就业指标的国际可比性受到了限制。

总之，在测量非正式就业时数据可比性的限制是由以下几个因素造成的：

专栏 8b. 非正式统计概念的时间轴

1993 年：在第 15 届 ICLS 上通过了非正式部门的定义。

1999 年：非正式部门统计学家第 3 届专业会议（德里组）议定，群组应该提出合理化建议，关注在非正式部门内外，非正式就业的不确定形式的认定（包括外出劳动或在家劳动）。

2001 年：第 5 届德里小组会议确定了非正式部门就业的定义和测量，小组成员需要用非正式就业的定义和测量来完善和测试由国际劳工组织形成的概念框架。

2002 年：第 90 届国际劳工大会（ILC）强调了，对于更多和更好的非正式经济统计数据的需要以及国际劳工组织需要协助各国收集、分析并宣传统计数值。ILC 也对非正式经济的定义提出了建议。

2002 年：第 6 届德里小组会议认识到了，需要通过劳动力调查巩固国家经验并建议对发展非正式就业的统计数据和收集非正式就业统计数值的方法进行进一步的研究。

2003 年：第 17 届 ICLS 将非正式就业的定义作为国际数据标准的指导标准。

2013 年：关于方法论的问题的测量非正式的指南，为了在由国际劳工组织确定的国家层面上开始非正式经济的调查。[1]

- 数据来源的不同；
- 地理覆盖范围的不同；
- 覆盖的经济活动的分支不同。一些是包括农业在内的、覆盖所有经济活动的国家，而另一些是只涵盖商业活动的国家；
- 使用非正式部门定义的标准不同，比如，企业或公司的规模大小或未登记的企业与员工匹配情况；
- 判定企业规模大小的临界点不同；
- 有偿家政人员被包含在内或被排除在外；
- 在非正式就业中有第二工作但主要工作在非正式部门之外的人被包含在内或被排除在外，比如说农业或公共服务业。

因为非正式部门的概念不同，允许各个国家根据自己的国情和需要定义非正式就业的概念。第 17 届 ICLS 的指导方针特别说明了，“定义雇员非正式就业的操作标准是由国家可行的环境和数据决定的”。一些国家（特别是发展中国家）也许会开始测量包括自营工作者、雇主和生产合作社成员的非正式工作，而有些国家（特别是发达国家）则希望限制非正式就业的测量，而只测量拥有非正式工作的雇员。当一个新推行概念有其必要性和独特性时，统计数据概念内部的灵活性确实限制了不同国家之间的统计数据的可比性。当好的实践经验得到总结和验证时，更多的可比性社会在长时间的使用后显现出来。

为了减轻可比性限制并提高数据的可行性和质量，国际劳工组织和德里小组的成员们合作出版了一本指南测量非正式性，以作为在非正式部门和非正式就业上的统计数据指导。这本指南有两个目标：（1）协助国家规划一个项目来调查非正式部门和非正式就业的统计数值，并审查和分析各项指标；（2）为了给技术上的问题提供实际的指导，如涉及收集相关信息的发展和行政方面以及在统计数字的编辑、图表化和宣传方面。

1 国际劳工组织：《非正式测量：非正式部门和非正式就业中的统计手册》（ILO，日内瓦，2013）；http：//www.ilo.ch/global/publications/ilo－bookstore/order－online/books/WCMS_ 222979/lang－－en/index.htm。

KILM 9. 失业

引　言

失业率可能是最被人所熟知的劳动力市场衡量标准，无疑也是被各国媒体最广泛引用的标准之一。因为它最能反映国家层面上的就业机会不足。协同就业人口比率（见 KILM 2）指标，是反映国家层面劳动力市场状况的最广泛指标。KILM 第九版用国际劳工组织对失业率的评估补充了国家层面的评估。为了用一种更为动态的观点去补充失业的存量指标，KILM 9 中还包括一个失业流动率的指标，也就是失业的流入和流出比率。

表 9b 的国家失业率评估适用于总共 215 个国家和地区。失业人数信息适用于表格中的附加国家，但是由于这些附加国家缺乏对劳动力总体数值统计这个必要的因素，妨碍了他们对失业率的计算。国际劳工组织对失业率的评估标准的统一，解释了国家数据间的差异和覆盖范围、数据收集和制表方法的差异，以及其他造成差异的国家特定因素，例如不同的国家定义[1]。表 9a 是建立在可用的国家失业率评估数据上，并包括了提供给 177 个经济体的已被记录的和被估算的比率数据。国际劳工组织对失业率的评估是国家层面的数据，这意味着在数据的覆盖上不存在地理的限制条件。这一系列协调统一的数据是国际劳工组织在《全球就业和社会展望》系列中发布的全球性和地区性合计的失业率数据的基础，并且作为表 R5 呈现在 KILM 第九版中。

失业人员流动评估（表 9c）是以失业的持续时间为数据基础进行计算的。它有助于我们更好地了解失业率的变化，是劳动者从就业到失业速度变化的结果（反之亦然）。失业流动率适用于 67 个国家和地区。

指标的使用

对于一个国家来说，整体失业率数据的运用是针对闲置劳动力补充应用最广泛的措施。虽然就业被看做是劳动者渴望的情况（曾称为经济活动人口），但是一些短期的失业对于确保宏观经济调控是很有必要的。以年龄、性别划分特殊群体的失业率对于鉴别最容易受到失业影响的劳动群体和行业是非常有帮助的。

虽然整体失业率被看做是信息量最大的劳动力市场指标，反映了劳动力市场的普遍性能和经济情况，但是它不应该被视为衡量经济困难或者是幸福感的标准。当基于国际推荐的标准时（详见本章的“定义及来源”中），它只是单纯地反映了无业的劳动力人口比例，没有反映出他们是否积极地在寻找工作，更对失业人员的经济来源和家庭成员只字未提。因此，其用途应该仅限于衡量劳动力的利用率和作为一种未找到工作的迹象。我们需要其他的措施来评估经济的困难程度，这些措施包括与收入相关的指标。

另一种对整体失业率的批评指出，它掩盖了失业人口构成中的信息，因此也遗漏了失业人口教育水平、民族来源、社会经济背景、工作经验，等等因素。此外，失业率并未提及失业的类型——无论是短期周期性的，还是长期结构性——这正是政策制定者

1　更多关于协调评估的方法的信息，参见附件 4，国际劳工组织：“关于全球性和地区性评估的注释”，《2011 年全球就业趋势》（日内瓦，2011）；http：//www.ilo. org/global/publica – tions/books/WCMS _ 150440/lang – – en/index. htm。

在政策应对和制度中遇到的关键问题，尤其是当遇到结构性失业的问题时无法只通过扩大市场需求来解决。

颇为自相矛盾的是，低失业率有可能巧妙地掩盖了实质性的贫困[1]，正如高失业率有可能出现在经济发达和贫困率低的国家一样。在没有将失业保险和福利津贴作为安全保障的国家，即使家庭和睦团结，人们也完全无法承担失业带来的后果。相反，他们必须经常在非正式经济或者非正式的工作安排下竭尽所能地勉强维持生计。在发达国家的社会保障体系、储蓄以及其他的方式的支持下，劳动者可以花足够的时间寻找更理想的工作。因此，许多发展中国家的问题不是严重失业问题，而是缺乏像样的和富有成效的工作，并由此导致了许多不同形式的劳动力未充分利用（也就是不充分就业、低收入和低生产率）[2]。

国家失业率的一个实际用途便是至少以年度为单位对商业周期进行追踪。当年度失业率很高时，国家可能陷入了经济衰退（或许更糟糕），经济状况十分恶劣，或者国家无法为现有的劳动者提供足够的工作机会。那么，进一步的调控目标是引入一些政策和措施使失业率降低到一个可接受的水平。这一水平是多少，或者应该是多少，已经引起相当多的讨论。许多研究者认为存在一个点，低于此点失业率无法再下降，除非出现了强烈的通货膨胀压力。因为这个所谓的临界值假定的权衡，失业率被紧密地随着时间来追踪。

政府、雇主和工会的一贯目标是将失业率保持在尽可能低的水平，但是同时也和其他的经济和政策目标保持一致，例如低通胀和可持续性的收支平衡状况。当失业率作为衡量经济发展周期性的标准时，失业的精准定义（无论是具体国家的定义还是基于国际推荐标准之下的定义）就没那么重要了——只要它保持不变——在遵循数值统计收集和传播的规律性的前提下，其随时间维度产生的变化及其变化的程度才是研究的重点。

在国际上，失业率常常用来比较特定国家的劳动力市场与其他国家的不同，或者是世界上不同地区在这劳动力市场方面存在的差异。失业率也可以用来反映劳动力市场中的性别差异和由此产生的一系列问题。女性的失业率常常高于男性。可能的解释虽多，但很难量化，女性比男性更有可能因为家庭原因退出或重新进入劳动力市场；并且在少数的职业上女性的数量比男性要更加密集，这使得女性拥有更少的就业机会。在劳动力市场以外存在的其他性别不平等现象（例如在教育和培训方面），也会对女性能否找到工作产生影响。

KILM 第九版的失业流动指标提供了失业的流入量和流出量，以便发现基于净失业率变化之下的动态调整。这一系列的数据意在提高对跨时间、跨国家失业率变化的了解。

单独的失业率数据常常不会揭露出在经济领域内的劳动力市场全貌，因为这些数据并没有提到太多关于失业率变化背后的驱动力。特别是，由失业的流入和流出的净效益导致的失业率变化。双向流动的界限受不同因素的影响，可能会随着商业周期变化，或者遵循更长期的变化趋势。为了对这些动态变化进行更为详细的分析，KILM 9 构建了失业的流入和流出数据，尝试将其从一种简单的分析方法转换为一种对由于劳动者从一个劳动市场向另一个劳动市场移动而产生的比率变化的理解。更特殊的是，分析流量的

---

1 KILM 17 提供了关于贫困、工作贫困和收入分配不平等的分析。

2 对劳动力未充分利用的更宽泛的主题感兴趣的用户，可以参考国际劳工组织的第 18 届国际劳工统计学家会议出版的《失业现象之外：对劳动力未充分利用的其他形式调查》，日内瓦，2008 年 11 月 24 日至 12 月 5 日；http：//www. ilo. org/global/statistics – and – databases/meetings – and – events/ international – conference – of – labour – statisticians/ WCMS_ 100652/lang – – en/index. htm，或第 19 届国际劳工统计学家会议，“国际劳工组织统计工作委员会的报告和提出的决议”，日内瓦，2013 年 11 月 2 日至 11 月 11 日；http：//www. ilo. org/global/statistics – and – databases/meetings – and – events/international – conference – of – labour – statisticians/19/WCMS_ 223719/lang – – en/index. htm。

方法展示了劳动者如何快速的从就业转入失业（流入）或失业转入就业（流出）。展示在表9的经过评估的流入率或流出率表明一个被雇佣的劳动者变为失业者（流入）的概率或一个失业的劳动者找到工作（流出）的概率。这些估量提供了一种重要的工具，使针对特定的劳动力市场群体的政策更加特殊化，或者根据在特定情况下失业动态变化的某一方面占主导地位对他们进行调整。

在经济高潮或者低迷时期追踪流入量和流出量的表现，或者是根据流量措施来预测失业率，都是非常有见地的行为。此外，失业流量的分析和劳动力市场指标分析有助于更好的理解劳动力市场的困境并且有助于提出政策上的建议。为了更深入地理解失业现象的起伏波动，了解从就业到失业转移速率的波动变化是非常重要的，反之亦然。[1]

定义及数据来源

从数学上表达，失业率是失业总人数（对于一个国家或者一个特定的劳动力群体）除以相对应的劳动力数量得出的比例，而这个相应的劳动力是该群体中所有就业人员和失业人员的总和。应该强调的是，应该把劳动力（曾称为经济活动人口）作为数据统计的基础，而不是总人口。这种区别并不一定被公众了解。确实，“劳动力”和“就业”这两个术语有时会被错误地替换使用。

根据2013年第19届国际劳工统计学家会议（ICLS）正式通过的关于工作统计、就业和劳动力利用率的决议，失业的标准定义指的是所有适龄劳动人口，没有工作、正在寻找工作（最近的一段时间开展寻找工作的活动）或者当前可以参加工作[2]（见专栏9）。未来的开创者，是指那些没有找到工作但是在未来的劳动力市场占有一席之地的人（为了未来工作的开始已经做好准备），也算作是失业者。

在许多国家，可能存在许多当前并不处于劳动力市场之中却想找工作的人。但是他们并没有积极地“寻找”工作，因为他们认为就业机会是有限的，或者因为他们的劳动力流动性受到了限制，又或者是面临着歧视问题、结构的、社会的、性别的障碍。劳动力指标把那些想工作又不找工作的人（曾被称为“隐性失业”，也包括曾称作“泄气的工人”的那些人）排除在外，会影响男性和女性的失业人口数量，尽管女性更可能被排除在这些失业人员的数量之外，因为总的来说她们遭受了更多阻碍她们符合这一标准的社会障碍。

另一个导致失业人数中的排除现象的因素是关于劳动者在一个短期内可以参加工作的参考时间标准。一个短暂的考查期倾向于排除那些在开始工作之前需要做好个人安排的求职者，例如照顾小孩、老人或者完成其他家务，即使他们在一段时间后很快就能“开始工作”。因为女性通常要负责照料家务，她们是这一人群的重要组成部分，因此实测的失业人数将不包括这一部分女性。许多国家已经认识到了这一覆盖问题，并将考查时期后的“有效”期延长至两周（或者更多）。即便这样，比起男性，女性还是更倾向于从失业指标中排除，原因很可能是这段时期相对于抵消她们所遭受到的限制条件来说还是不够长。

为了克服失业概念中的局限性以及为了认可上述提到的两类人群（没有工作但是既不工作又不积极找工作的人），第19届国际劳工统计学家会议上通过的决议引进了“潜在劳动力”这一概念。“潜在的劳动力”，包括“不可用的求职者”，就是即使

1　影响劳动力流动和失业的动态因素详细分析，参见，厄恩斯特.E.、雷尼，U.：“对失业流动的理解”，《牛津政策制定综述》，卷27，第2章（牛津，2011），第268－294页。

2　《有关工作统计、就业和劳动力未充分利用的决议》，第19届国际劳工统计学家会议，日内瓦，2013；见于：http：//www. ilo. org/global/statistics－and－databases/stan－dards－and－guidelines/resolutions－adopted－by－international－conferences－of－labour－statisticians/WCMS_230304/lang－－en/ index. htm。

不能工作也找过工作的人，但是他们在不久的将来可以进行工作；还包括“潜在可用的求职者”，即那些没找工作但是想工作且可以工作的人。因此，那些之前没有工作，包含在失业的“不严谨的定义”中的人，现在属于潜在劳动力。第19届国际劳工统计学家会议决议还明确了包含在潜在可用的求职者中的一个特殊群体，“气馁的求职者”，由于劳动力市场的相关原因[1]（例如过去在找到合适的工作中犯下错误或者缺乏经验），可以工作但是不找工作的人。

家庭劳动力调查通常是失业统计信息最全面的最具有可比性的调查来源。其他可能的来源包括人口普查和官方估计的数据。行政记录，比如官方就业记录和社保统计数据都是失业统计的来源；然而，这种数据的覆盖仅限于“登记在册的失业”。国家统计的失业人员或者在就业办事处登记的人员很可能只是寻求和可供工作的总人数的一个有限的子集，特别是在那些职业介绍所的分布还不是很广泛的国家。有可能是因为资格的要求使那些从未工作过的或最近没有工作的人被排除在外，也可能是其他的歧视性障碍阻止了他们到职业介绍所登记。

另一方面，由于重复计算，行政记录可能夸大了登记在册的失业人员数量，它没有将那些已经不在寻找工作的人移除，或者是因为它将那些已经做了一些工作的人也包括在内了。由于这些测量的局限性，基于登记失业数据的国家失业数据应该被谨慎处理；对于那些没有整体失业数据的国家来说，登记失业的数据可以用来当作估计失业人数范围的非常实用的替代品。由国家登记的失业数据的时间序列可以作为随着时间推移劳动力市场的表现的一个很好的迹象，但是由于“总体失业数据”的局限性，两种措施不应该交互使用。表9a和表9b只提供整体失业的数据。

失业流量指标（表9c）是在失业持续时间（详见KILM 11）和季度失业率的基础之上进行计算的。在季度失业率不可用的情况下，使用年度失业率（就像表9c中“失业率年度数据的使用”专栏所显示的那样）。计算失业流动的数据（失业持续时间、失业率和劳动力）来自劳动力调查或者家庭调查。

表9c的失业流动数据是作为从就业到失业（流入）的月度转化率的交替评估，反之亦然（流出）。流入率和流出率的不同评估是在失业的不同持续时间的数据基础上计算的，也就是小于1个月，小于3个月，小于6个月，还有小于12个月。基于失业持续时间小于1个月的数据评估遵循夏默提出的方法（2012）[2]。

表格还包括加权的流量评估。权重基于埃尔斯比等人（2013）提出的方法进行计算，他们在没有证据证明基于持续时间小于一个月的失业基础之上计算的时间的依存性和流量的情况下，使用这些流量加权评估数据。“无时间依赖性测试结果”专栏表明了为了确定选择哪一个流量评估而进行的测试的结果，由埃尔斯比等人（2013）实践[3]。

对于不使用“无时间依赖性”假设的国家，埃尔斯比等人（2013）遵循夏默的方法（2012）并且使用以持续不到一个月的失业率为基础计算的流量估计。对于没有放弃上述假设的国家，加权评估是首选。

可比性限制

多年来为了统计失业率而进行的大量研

1 更多关于潜在劳动力和失业定义变化的细节，请参考国际劳工组织：“报告三——会议报告”，第19届国际劳工统计学家会议，日内瓦，2013年10月2日至10月11日；见于：http：//www. ilo. org/global/ statistics - and - databases/meetings - and - events/international - conference - of - labour - statisticians/19/WCMS_ 234124/lang - - en/index. htm。

2 更多的细节参见夏默·R.：“重新评估失业的来龙去脉”，《经济动态回顾》，15卷，第2章，第127－148页（2012）。

3 参见艾尔斯比·M.、霍碧金·B.、沙欣·A.：“世界经合组织中的动态失业”，《经济与统计回顾》，卷95，第2章，530－548页（2013）。

究已经完全达成一致，以便于在不同的假设条件下对不同国家的失业率进行对比。感兴趣的用户可以将一系列“ILO－可比性”失业率数据评估[1]与表9提供的信息进行比较。在少数情况下，调整后的比率与表9b发现的数据相同；但大多数情况下它们却是相当的不一样，例如表9b的信息可能有多种来源，而经过调整后的“ILO－可比性”比率总是基于家庭劳动力抽样调查。

一系列的原因说明了为什么标准化了的失业率无法用于不同国家间的比较。以下提供了几点原因，给用户们提供了潜在问题范围的一些迹象和启示，当他们试图确定国家间失业率的可比性程度时，这对于他们来说就是非常有用的信息。通晓特定国家或者特殊背景知识的用户，应该可以对此问题进行详细的展开：

1. 不同的来源。由于信息差异的程度不同，产生的结果也就不一样。可比性的困难源于登记失业和整体失业的测量数据被划分为两部分，并且测量数据只包括整体失业数据。KILM 9中剩余的数据来源——劳动力调查、官方评估和人口普查——仍可能会在跨国家分析中引起可比性的问题。官方评估数据一般基于不同来源的信息集合，并且可以与多种调查方式相结合。人口普查数据通常来说不能够深入地调查劳动力的活动状况。因此，由此产生的失业评估结果，会与那些为了确定受访者的劳动力市场状况而询问很多问题的家庭调查具有显著的不同之处。如欲了解更多与数据来源相关的信息，用户可以参照在KILM 1中对应部分（劳动力的参与率）的关于多样化数据源的利弊讨论。

2. 测量基准的差异。无论数据是基于家庭调查还是人口普查，实际调查中的差异会导致不同的统计数据，即使他们完全遵守了国际劳工组织的指导原则。换句话说，测量工具的差异可以影响不同国家之间劳动力的可比性。

3. 概念的变化。国家统计局即使遵循国际劳工组织的概念指导原则，也可能会违背严格的有关就业和失业的测量方法。他们可能在失业评估概念基础的选择上有所不同，在具体的实例上，第19届国际劳工统计学家会议之前的决议一直对定义有所宽松，从而导致了劳动力的评估（失业率的基础）产生差异。他们可能选择从民用劳动力数据中获得失业率，而不是从整体劳动力之中寻求。各个国家间选择范围的多样化，导致的结果展现在KILM 9的统计数据之中。

4. 每年的观察次数（参照期）。任意一年的统计数据会根据观察次数的不同而有所不同——每月一次，每季度一次，一年一或两次，等等。除此之外，当全年的数据没有被包括在内时，可观的季度效应程度会对结果产生影响。

5. 地理覆盖范围。调查范围小于全国覆盖范围——城区、城市、地区——在可比性程度上就具有明显的局限性，因为覆盖范围不代表整个国家[2]。城市地区的失业率可能高于整体失业率，因为它们排除了那些劳动力可能有工作的农村地区，即使他们可能是未被雇佣的就业者或者是无薪酬的家庭工人，而不是在一个根本不存在的或者小型的正规行业中寻求工作的劳动者。

6. 年龄的变化。一般使用的年龄覆盖范围是15年以上，但是一些国家使用的是一个不同的更低的界限，或者强加了一个更高的界限。

7. 采集方法。样本大小、样本选择程

---

1 “ILO－可比性”失业率，是经过调整以在概念上符合最严格的国际劳工组织统计标准的应用的国际劳动力调查评估。获取的失业率数据是基于包括武装力量的总劳动力。关于此方法的更多信息参见莱佩尔，F.：《年度就业和失业的可比年度评估》，国际劳工组织统计分析部门（日内瓦，2004）；见于：http：//www. ilo. org/global/statistics－and－databases/WCMS_ 087893/lang－－en/index. htm. The estimates（up to 2005 only）are available at：http：//laborsta. ilo. org。

2 当在此表和其他的表进行查询是，用户可以选择忽略那些次国家地理覆盖范围下的记录。在此软件上，这可以通过执行查询所有数据，然后精炼参数，选择“地理覆盖范围”下的“仅全国”。

序、抽样范围，还有覆盖范围以及其他与数据采集相关的统计问题，都有可能造成显著的差异。样本量越大，覆盖范围越大，结果也就更准确。使用训练有素的调查者，适当的收集和处理技术，充足的评估程序等，对于准确的结果来说是至关重要的。在这些方面，大的变动会明显地影响失业统计数据之间的可比性。

当将失业率看做是衡量一个国家内部发展周期的标准时，人们会感兴趣的是，在时间的推移中寻找变化。在这种情况下，使用的失业定义（无论是特定国家的定义还是基于国际推荐标准之下的定义）不那么重要（只要它保持不变）。事实上，统计数据收集和传播是有规律的，所以这种测量的变化对于研究来说是没有影响的。不过，对于进行跨国家比较的用户来说，了解数据的来源和评估的概念基础是非常关键的。认识到统计结果中微小的差异并不代表真正的重大差异也是非常重要的。

两个家庭调查中的实质性差异的例子可以帮助我们更好地理解一些最优比较的复杂性。第一个问题与“求职”有关。国际劳工组织的基本概念假设求职必须采用一种或更多的“积极的”方法——例如直接向雇主申请工作或者去职业介绍所——以便被算作是失业人员。潜在的方法之一是查阅“报纸广告”。在世界的许多地方，这可能不是一个常见的或现成的手段。但在有些国家，报纸是一个非常好的潜在的就业信息来源，许多求职者确实查阅广告。有些国家的求职者仅把阅读或浏览广告作为一种搜索方法，然而另一些国家的求职者在将其确定为一种方法之前会要求人们真正地回应一个或者更多的广告。问题被归结为是否相对于“主动的”搜索，“被动的”搜索是否被允许，在这一方法上各国有所不同[1]。

第二个例子关系到“气馁的求职者”：那些现在没有找工作但是过去找过工作且显然“如今”渴望一份工作的人（详见上文“定义与来源”）。大部分的调查没有将他们包括在失业人员之中（正如国际劳工组织的失业定义），但是有一些调查将他们纳入在内。对于那些要解释这种定义上的差异的用户，需要获取一些相关的信息（或许在“微观”层面上），以便于调整失业率的差异。

以上两个例子表明了概念变化和不同测量基准方面的差异。这些可能出现在世界各地的差异和其他测量基准以及失业评估的差异的复杂程度提醒我们，当进行任何精准的比较时都应该格外地小心。

专栏9. 第19届国际劳工统计学家会议通过的关于工作统计、就业和劳动力未充分利用的决议（2013年10月，相关段落）

概念和定义

失业（47—48段）

47. 失业人员被定义为处于工作年龄但是处于失业状态的人，在规定的最近一段时间内开展寻找工作的活动并且得到工作机会可以马上进行工作：

a. “非就业状态”是参照一个短期的相关时期对就业测量结果评估而得；

1 统计工作委员会提出的决议延伸到“求职活动”并且包括了这些活动的例子。更多的细节参见国际劳工组织：《统计工作委员会的报告和决议》，第19届国际劳工统计学家会议，日内瓦，2013年11月2日—11月11日；见于：http://www.ilo.org/global/statistics-and-databases/meetings-and-events/international-conference-of-labour-statisticians/19/WCMS_223719/lang--en/index.htm。

专栏 9.（续）

b. 为了“就业”是指在一个最近的规定时期包括最近四个星期或一个月期间，为了找工作或建立一个公司或农业企业而开展的任意行动。这还包括在国家领土内或海外的兼职、非正式、临时、季节性或临时性就业。此类活动的例子有：

Ⅰ. 安排经济来源，申请许可证、执照；

Ⅱ. 寻找土地、厂房、机械、物资和农业投入；

Ⅲ. 寻求亲朋好友或者其他类型的中介机构的帮助；

Ⅳ. 向公共或者私人的就业服务联系或登记注册；

Ⅴ. 直接向雇主申请，检查工地、农场、工厂大门，市场或者其他集会场所；

Ⅵ. 投放或者回复报纸或线上的招聘广告；

Ⅶ. 在职业的或者线上社交网络上投放或者更新个人简历；

c. 一个企业的开始创建应该被用于区分为了创办企业而进行的搜寻活动和工作活动本身，正如企业的注册经营或者财务资源可用时，必要的基础设施到位或者接到第一个客户或第一个订单，视情况而定；

d. “当前可用”作为对是否准备好开展工作的一项测评，是评估与衡量就业的一个短暂周期的参考：

Ⅰ. 即根据国情，参考周期可能会扩展到包括一个短暂的总共不超过两个星期的后续周期，以确保在不同的人群中得到足够的失业情况覆盖范围。

48. 包括在内的失业是：

a. 未来开创者，即被定义为处于“非就业”状态且“当前可用”，但不“求职”的人。因为他们已经做了安排，在后续短期内开始工作，根据设定的等待时间总长度开始在全国范围内开始新的工作，但一般不超过三个月；

b. 就业促进计划中的技能培训或者在此基础上再培训计划的参与者，是“非就业”状态，并非“当前可用”且并不进行“求职”活动。因为它们会在一个很短的时间内获得一份工作机会并开始工作，一般不超过三个月；

c. 处于“非就业”状态并开展了海外迁移活动，以便于找到工作并得到报酬，但仍然在等待合适的离开时机的人。

KILM 10. 青年失业

引　言

在许多国家，无论其发展到哪一个阶段，青年失业都被广泛地视作一项重要的政策问题。从这个指标的对象来看，“青年”一词涵盖15—24周岁的人。25周岁及以上的人口为“成人”。

KILM 10包括三张表。表10a和表10b包含国际劳工组织和国家针对青年失业问题的四个不同方面的测量评估结果。四个度量标准是：（a）青年失业率（青年失业人员占青年劳动力的百分比）；（b）青年失业率占成人失业率的比例；（c）青年失业率占总失业率的比例；（d）青年失业人口占青年总人口的比例。表10C展示了失业的、接受教育或培训的青年人口比例以及“啃老族”的比率。表10C中的信息遵循青年的标准定义，除非另有说明，否则即指年龄在15—24周岁的人。所有三张表中的信息都是按照性别分列的。表10a中的国际劳工组织对青年失业的评估数据说明了在覆盖范围、采集手段和指标方法以及其他特点的国家因素例如军事服务需求之中存在的差异。此表包括国内报道和估算的数据并且仅包括国家层面的评估，这意味着在覆盖范围上不存在地域限制。正是这一系列经过协调的评估，充当了在《全球就业趋势》系列中报道的，国际劳工组织的全球性及地区性劳动力参与率的数据基础，并且在KILM第九版的软件中可以查询到，例如表R6。

表10a中的青年失业率和相关的测量数据可适用于178个国家，表10b中的则可用于196个国家。表10c中的“啃老族”比率可适用于19个国家。

指标的使用

当今的青年男女，希望寻求一个合适满意的工作，而在这之上他们面临越来越多的不确定性，这种不确定性和幻灭，反过来，对个人、社区、国家或者更大的范围具有破坏性的影响。失业或者待业青年难以有效地对国家发展做出贡献，并且没有足够的机会去行使他们的公民权利。作为消费者，他们消费得更少，作为储蓄者，他们投资得更少，并且他们常常缺乏“话语权”以便于为他们的生活和社区带来改变。在某些情况下，这将会导致社会动荡以及年轻人对现有社会经济体系的抵制。广泛的青年失业和就业不足也会阻止企业及国家通过人力资本投资获得创新发展和竞争优势，从而削弱了未来的发展前景。

了解到无作为的代价，世界各地的政府都优先考虑青年失业问题，并且尝试制定适当的政策和解决方案[1]。估量这些政策的影响需要用到年龄分布指标，例如KILM 10提供的数据。KILM青年指标也构成了国际劳工组织的《全球青年就业趋势》的基础，即量化和分析当前劳动力市场的趋势和年轻人面临的挑战的关键产品[2]。

年龄分布数据包含在KILM的许多指标之中，然而KILM 10是17个KILM指标中唯一一个专门针对青年的指标。因此，KILM用户可以使用和分析青年数据（相比

1　例如，国际劳工组织中的国家付诸实施的危机应对计划清单：《全球青年就业趋势：全球经济危机对青年影响的特别问题》（日内瓦，2010）；http://www.ilo.org/empelm/pubs/WCMS_143349/lang--en/index.htm。

2　关于全球青年就业趋势的出版物，见于：http://www.ilo.org/trends。

成人和总数量）、劳动力参与率（表1a和表1b）、就业与人口比例（表2a和表2b）、兼职工作（表6）、就业的每周工作时间（表7）、长期失业（表11），与时间相关的不充分就业（表12）、停滞率（表13），以教育程度水平划分的劳动力（表14）、失业（表14b）、文盲（表14d）和工作贫困（表17b）。

KILM的青年失业信息展示了青年人缺乏就业机会的不同方面的因素。一般来说，表10a和表10b中展示的比率越高，青年人失业的情况就越严重。这些测量以及与KILM中的其他青年人群的指标，可能在同一方向移动，并且我们应该将其串联起来看，以便于全面评估年轻人在劳动力市场的情况以及引导适当的政策举措。

在青年失业率高且青年人失业率与成年人失业率很接近的国家，可以推断出，失业问题不仅仅是青年人的问题，而是一个全国范围内的问题。然而，青年人与成年人失业的比率已经超过了1，这反映出青年人失业率总是比成年人要高。关于为什么青年人失业率总是高于成年人，存在许多原因，但并不是所有原因都是负面的。在供应方面，年轻人可能会自愿陷入多个短期的失业状态，这样他们可以获得工作经验以及为了寻找合适的工作而“货比三家”。此外，由于教育机构在一年中的开放和关闭，年轻的学生更容易进入或退出劳动力市场，因为他们在就业、入学和失业状态之间转换。

然而，青年失业率高也是劳动市场对青年抱有偏见的结果。例如，雇主通常倾向于首先解雇年轻人，因为他们通常认为解雇年轻人的成本要比解雇年长的员工更低。同时，在就业保护法生效之前，通常需要一个最低限度的就业时期，并且解雇津贴会随着任期的增加而增加。年轻人的工作任期可能比年长的员工更短，因此他们更容易被解雇并且解雇成本也更低。最后，由于新求职者的比例失调，年轻人将遭受到由于经济原因引起的企业招聘额度的减少和急剧缩减的影响。

KILM 10中的青年失业问题的另外两个方面的信息，即失业的青年占总失业人口的份额和失业青年占总青年人口的比例，有助于深入完整地了解青年就业的挑战。前面对青年和成年失业率之比的补充反映了在什么程度上，青年失业问题是一个特殊青年问题，而不是一个普遍的问题。如果，除了青年失业率高，其在总的失业率中所占的比例也很高的话，就反映出这是失业分配比例不均的问题。在这种情况下，政策就会倾向于让青年人更容易地进入职场。青年失业占总人口失业的比例这一指标通过展示失业问题实际上影响了多少青年人口，使我们能够正确看待失业挑战问题。有时那些正在寻找工作的年轻人可能遇到很大的困难，但是当这部分人只占了总青年人口的不到5%时，那么决策者们就会不那么着急地去处理这个问题。

青年失业占青年总人口的比例也是非就业、接受教育或培训的青年的总比例中的一个要素之一。“啃老族”比率是一个宽泛的测量方法，用来估量通过工作可以为国家做出贡献的未被开发的潜在青年数量。因为“啃老族”既不通过提高技能来提升自己的未来就业能力，也不想通过工作来获取经验，这一人群被劳动力市场以及社会排斥的风险特别高[1]。此外，“啃老族”由于较低的教育水平和收入水平，已经处于一个弱势地位[2]。鉴于“啃老族”这一群体包括失业青年以及非经济活跃青年，“啃老族”比率对于劳动力参与率和失业率提供了很重要的补充。例如，在经济低迷的沮丧时期，青年参与率的降低可能反映在“啃老族”比率呈上升趋势[3]。高的“啃老族”比率和低的青年失业率可能表明年轻人遭遇了重大的挫

1 请注意，接受教育的青年和就业青年并不是两个互相排斥的群体。

2 欧洲基金（欧洲改善生活及工作条件基金）：“欧洲青年和‘啃老族’：第一发现”（都柏林，2011）。

3 《YLO：全球青年就业趋势，2013：处于危险之中的一代人》，第2.1章；http：//www. ilo. org/moscow/information－resources/publications/WCMS_ 345429/lang－－en/index. htm。

折。年轻女性的高“啃老”率表明了女性深陷于家务中，或者强大的制度障碍阻挡了女性进入劳动力市场。

定义及数据来源

年轻人被定义为15—24周岁之间的人，然而，各国使用的定义有所不同。特别是，年轻人的年龄下线通常是由他们离开学校的最低年龄所决定的。使用定义的不同会对可比性产生影响，在下文进行讨论。第19届国际劳工统计学家会议上通过的有关工作统计、就业和劳动力未充分利用的决议，概述了（青年）失业的国际标准。决议指出，失业人员包括上述所指的在一个特定的年龄范围的人，在一个参照时期内：（a）没有工作；（b）目前可以工作；（c）正在积极寻找工作[1]。和KILM 9一样，失业率被定义为一个年龄范围内的失业人员除以那个年龄范围的总劳动力所得的结果。对于作为青年人口的一部分的青年失业人员来说，该年龄范围内的总人口取代了总劳动力作为分母[2]。

表10c中的啃老族比率被定义为，未就业的、接受教育或者培训的青年人占青年总人口的百分比。除非另有说明，这里的“啃老族”比率是指在15—24周岁之间的比率。

就如在KILM 9中那样，失业信息通常从三个来源的其一中取得：家庭劳动力调查、官方评估以及人口普查。在表10b和表10c中最常用的来源是劳动力调查。

可比性限制

根据各国情况的不同和随着时间的推移，KILM 10中数据的可比性存在非常多的限制，某一些甚至比另一些更为重大[3]。一个主要的限制在于失业率获取的来源。使用人口普查作为数据来源的主要困难在于，由于成本的限制，这种方法并不经常被采用而且他们提供的失业信息未必是最新的信息。此外，除了劳动力调查的其他来源常常不包括对就业相关问题的调查，因此它无法在不同的劳动力群体之中产生一个可比较的就业评估。有时，失业信息是基于官方评估。同样，这些信息不太可能具有可比性并且通常是基于行政记录和其他的信息员的整合。不论在任何情况下，用户都应该关注其首要来源，并且在进行跨时间或跨国家的比较时将其考虑在内。

当考虑到失业的定义时还有另外一个要点需要注意。在一些国家，失业的数据排除了之前并未就业的人（即不包括初次求职者）。在这种情况之下，书中已清楚地加以注释。此种定义倾向于降低青年失业率的水平。

尽管没有其他的因素那么重要，年龄层使用中的差异也应该被提及，因为各个国家对青年和成年人所使用的年龄限制可能差别各异。一般来说，如果存在最低离校年龄，青年年龄的下限通常会与该年龄相当。这意味着根据国家的制度安排，年龄的下限常常在10—16岁之间变化。这不应该对大部分青年失业数据测量造成太大的影响。然而，该年龄层的大小会影响青年失业人口占总体失业人口的百分比的测量。在其他条件相等的情况下，年龄层范围越大，所占百分比就越大。

在一些情况下，在年龄下限和上限的应

---

1 2013年10月，第19届国际劳工统计学家会议上通过的《有关工作统计、就业和劳动力未充分利用的决议》；http：//www. ilo. org/global/statistics - and - databases/ standards - and - guidelines/resolutions - adopted - by - interna - tional - conferences - of - labour - statisticians/WCMS_ 230304/ lang - - en/index. htm。读者可以在KILM 9章中的附表9找到与失业定义有关的信息，并且也可以查看“定义与来源”一节中的内容。

2 青年失业人口占总青年人口的百分比有时也称作青年失业比率或者青年失业人口比。（青年）失业人口比（KILM 2）反映着（青年）劳动力参与率。

3 为了信息的完整性，建议用户查看KILM 9章中的相关讨论。

用上存在较大的差异。在对成年人的定义使用中也有所差异。一般来说，成年人被定义为25周岁及以上的人口，但是一些国家加入了一个年龄上限。

各个国家信息报告的参考时间也不一样。因为报道数据中会有一大群学校毕业生（永久的或延长假期），由于一年之中不同的开学和放假日期，会导致青年失业数量产生非常显著的变化。大部分的信息与年度平均水平相关。在其他情况中，数据与一年中的特定月份有关（如有人口普查的情况）。由于各国制度安排的不同，所选的特定月份的影响也会不同。

如前所述，“啃老族”比率可用于青年人（15—24周岁）。但是当研究这些比率时，要谨记，并不是所有的人24周岁时都完成了学业。然而，失业率年龄层次和“啃老族”比率的差异，可能会妨碍对青年失业问题的相关分析，这就是为什么关于这两组的信息已经被附加在内。

KILM 11. 长期失业

引　言

长期失业的指标从失业期限来看，指的是一个失业者没有工作并且可以立刻工作或者找工作的时间长度。KILM 11 中包含两项指标：一是包括长期失业（包括一个人已经失业一年或者更长的时间）；二是包括不同的失业时间长度。

在第一类指标中，如表 11a 显示，包括长期失业的两种分类尺度：（a）长期失业率——失业一年或一年以上的人与总劳动人口的比率；（b）长期失业的期限结构比率——失业一年或一年以上的人与失业人口的比率。这两个措施都来自于对 100 个国家的调查，并且在可能的情况下划分了性格和年龄（总数、青年、成人）的区别。

在第二类指标中，如表 11b 显示，包括在不同时间内的失业人数（以及在失业率中所占的份额）：（a）少于 1 个月；（b）1—3 个月；（c）3—6 个月；（d）6—12 个月；（e）12 个月及以上。91 个经济体都适用于表 11b。

指标的使用

当我们对短期失业的关注减少，尤其是当失业人员有失业保险或者其他类似福利的帮助时，持续的失业期限会给他们带来很多不良影响，尤其是损失收入以及求职者就业能力下降。此外，短期失业有时可能会被当成一种理想的状态，因为人们可以找到更好的就业机会。而且，工人的被解雇与被召回，造成的短期失业，可以减少雇主在商业活动中雇员的流动性。

失业的持续时间很重要，特别是对于社保体系完善、能够提供替代性收入来源的发达国家，这个问题更是不可小视。在这方面，长期失业的增长率可以反映出劳动力市场的结构性问题。以经济危机时期为例，许多经济体出现失业率激增的情况，往往是失业时间增长的结果。

在许多用于降低失业率的措施中，减少失业的持续时间是一个很关键的因素。长期失业是不可取的，尤其是在因需求不足导致供需不匹配的情况下的失业。一个人失业时间越长，他找到工作的可能性越低。

额外的收入一定会在失业期降低经济压力，但是财政部并不能长期提供帮助。在任何情况下，失业保险的责任范围都是有限的并且并不是每个失业者都能使用的；最不能接受的就是人们进入或者重新进入劳动市场。保险标的合格标准，保险的覆盖范围以及存在程度在不同国家都存在很大的差异。[1]

研究表明，失业的持续时间与收入能支撑的时间有关。出现这种情况的主要原因在于没有工作的人在长期失业福利的支撑下可以找到与自身技能相匹配并且满足他们经济需求的工作。这也可能表明失业是由于长期没有适合的工作岗位导致的。“慷慨政策”——高标准的收入补充福利——使得失业的持续时间并不明确。

在得出福利制度对失业持续时间的影响结论之前，有必要分析相关的限制性和适用性条件，并对名义收入和实际收入更替程度进行分析。然而，专家和政策制定者认为，长期失业的优劣需要特别关注，因为有时候

1　国际社会保障协会发布的报告中说明的有社会保险覆盖的国。详见“世界各地社会保障项目”系列，网址：www. issa. int。

可能会是政治行动。有人担心失业统计不能记录很多想要找工作但是被排除在指标之外的人，因为找工作的过程只有在工作稳定之后才被计入考虑。或者，人们可能希望有一个应用更为广泛的统计概率成为“长期失业”指标，该指标可以涵盖未就业的适龄工作者以及在过去的一到两年时间里都没有在工作的人。解决长期失业的措施包括“鼓励求职”，也就是说，失业并不是不再找工作造成的，而是市场上并没有合适的工作造成的，比如没有符合他们信仰的工作。如果长期失业率很高，那么失业率在严格意义上来说，不太适合作为有效劳动力供给的监控指标，而且宏观经济调节机制并不能带来失业率的下降。

很明显长期失业与失业者的个人特点有关，而且在因裁员而失业的老年人或者不熟练的工人身上体现尤为明显。因此高比率的长期失业通常会表明劳动力市场中某一特定群体的严重失业现象并且他们都有着糟糕的求职经历。相反，高比率的短期失业则表明就业率创造新高并且劳动力市场具有活力（更多细节指标见表 9c）。这样的推广必须小心地进行，然而，有很多因素包括失业救济计划上面所提到的问题，都会影响到长期失业率和一个特定国家的相对经济健康状况的关系。事实上在缺乏某种收入补偿（或者只有有限期限的补偿）的情况下，失业工人可能不得不降低他们的期望并接受任何工作，从而缩短他们的失业期。

定义及数据来源

长期失业标准定义（表 11a）是未连续未工作时间达到一年或更长（52 周或更长）的失业者。它的评价指标包括为长期失业人口占总劳动力的比率（长期失业率）和长期失业人口占总失业数的比率（长期失业发生率）。更多关于失业的国际定义，用户可以参考 KILM 9 中相关段落。

长期失业数据通常来自于家庭劳动力调查。有些国家从行政记录中获得数据，比如就业交换或失业保险计划。在后续例子中，按性别划分的数据十分稀少，而且许多保险计划有覆盖面限制，所以行政数据在失业时间方面容易产生不同的分布。除此之外，行政数据的使用，往往会减少乃至完全排除用统计一致的劳动力基数来推算相关比率的可能性。因此，这个指标的所有数据来自于劳动力或家庭调查，其他来源由于可能造成国家间数据的不一致，所以被淘汰了。

因为数据和一直没有工作的人所经历的失业时间段有关，所以他们被标注为“持续失业”的人。失业时间段（表 11b）指的是记录为失业的人，寻找工作并且有工作能力的时间段。失业时间段数据来源于劳动力或者家庭调查，而且这个时间段在调查参考时间截止时仍在继续。表 11b 将整体失业分成了不同的失业时间段。每个时间段的数据都包括成千上万的人，并且标明其为占整体失业的比重。

按时间段分类的失业统计由以下来源聚集在一起：国际劳工组织数据库（ILOSTAT）、经济合作与发展组织（OECD）、欧盟统计办公室（EUROSTAT）以及国家统计办公室。在进行跨国比较时，OECD 和 EUROSTAT 的数据来源更好。失业按照下列时间段划分：

- 时间段少于 1 个月的失业
- 时间段 1—3 个月的失业
- 时间段 3—6 个月的失业
- 时间段 6—12 个月的失业
- 时间段 12 个月或更长的失业

时间段在 12 个月或者更长（长期失业）的失业分类在表格（表 11a 和表 12a）中均有体现。然而，由于使用的来源或者覆盖面不同，一个表格中的数据可能跟另一个表格中的数据有轻微差别。[1]

1　表 11b 作为劳动流（表 9c）和持续失业（表 11b）计算的输入项。因此，为了建立最长可能时间系列，KILM 中包含了失业时间段；而为了与 KILM 中其他指标的（KILM 1、KILM 9、KILM 10）数据资源一致，所以包含了长期失业（表 11a）。

可比性限制

由于表 11a 和表 11b 中的数据基本上全部来自于对劳动力或者家庭的调查，因此极少附注需要进行跨国的比对。然而，尽管家庭劳动力的调查数据简化了国际比较，各种各样的问题还是存在的。问卷的设计、调查的时间、不同年龄段覆盖的问题等都会影响比较结果，因此就要求对不同国家之间失业率水平进行细致地分析（详见 KILM 9）。同时，正如上述所提到的，用户一般都会想要了解一下他所感兴趣的国家的失业保险的性质，比如实际覆盖范围的差异，尤其是不包含的部分，这可能对长期失业的差异产生长远的影响。

我们还应该承认，一般来说个人失业时间比其他的数据统计要更难衡量，尤其是当数据来源于劳动力调查的时候。当失业人员接受采访的时候，他们有能力回忆起他们在失业期间失业显现显著减少的任何精确时段。因此，将近一整年或者很容易被说成一年时，申请人事实上可能已经失业 10 ~ 14 个月。如果受访者是失业者的家庭代理人，他对具体内容的回忆可能会相应减少甚至误差更大。此外，随着失业时间的延长，不仅精确回忆的可能性会降低，而且持续的长时间失业可能会被一些短期的工作打断（或者终止），失业者不是随着时间推移而遗忘就是自己都不会认为在工作期间会面临失业的问题（这无疑是符合整个社会现象的观点）。

从全面来考虑，必须认识到失业持续时间的相关数据相对于劳动力市场统计数据而言更有可能是不可靠的。然而，这个问题并不能成为个别国家减少这个指标的原因。事实表明，在劳动力市场上面临严重困难的劳动者，不论失业的时间是一年及以上或者 10 个月及以上，这群人都明显处于一个不受欢迎、不被需求的状态中。

KILM 12. 与时间相关的不充分就业

引　言

这个指标与从业人员的工作时间长短相关，并且这关系到理想的就业形势和可被录取劳动力愿意参与的数量。这个指标以前被称为“可见就业不足”，并提出了两个与时间相关的就业不足率因素：一是与时间相关的非充分就业劳动力的比例；二是就业人数的总比例。表 12 中所提供的信息覆盖了 78 个国家。所有的信息都是基于家庭调查的结果而且在可能的情况下会按照性别、年龄（总人口、青年以及成年人）来分组。

指标的使用

就业不足反映出未充分利用的劳动力所具备的生产能力。“未充分利用”是一个包含许多方面的复杂概念。为绘制出一张更加完整的体现未充分利用员工比率的图片，人们需要建立一组指标，包括但不限于劳动力，就业与总人口比率、不活动率、就业现状、工作贫乏程度以及劳动生产率。利用单个指标来描述一个未充分利用的东西往往需要提供更为完整的图景。

就业不足已经广泛传播，并用于描述不充分就业工时、补偿或者技能使用的一切种类“不令人满意”（从工作者的角度）的就业。关于就业不足现状的判断是基于对个人的评估，可以改变日常被申请人的心态但是很难用量化的概念来解释。处理不充分就业的具体方法是将（量化）组件分开分析，“可见”的未充分就业可以用工作时间来衡量（时间相关就业不足），而“不可见”的不充分就业可以通过活动，低生产率或者用基础教育水平或者与技能匹配不充分等显示出来，且更加难以量化。与时间相关的就业不足是迄今不充分就业的唯一组成部分，这一点现已达成共识，并由国际社会劳动统计学家给出了标准定义。

与时间相关的就业不足统计数据对就业和失业提供了有用的补充信息，尤其是对于后者，通过对劳动力市场的充分分析，为国家具有就业能力的人提供了参考并帮助有需要的人。[1] 事实上，这项“关于工作”的决议、就业和劳动力未充分利用的统计采用了 2013 年第 19 届国际劳工统计学家会议的研究成果，重申了与时间相关的就业不足和其他具有核心作用的定义来衡量劳动力未充分利用的情况。同时其中也包含了与时间相关的就业不足和补充失业率的相关内容，“与时间相关的就业不足与失业率”是一项新的计算衡量指标（以计算失业的人数或者与时间相关的不充分就业作为计算方式）。[2] 因此与时间相关的就业不足的指标可以为这个设计，职业的评估与价值，收入和社会政策规划提供帮助。特别是在一些发展中国

1　与时间相关的就业不足，被列为是“劳动松弛”的一个变化统计量，以获取更为广泛的“未充分利用劳动”的概念。有兴趣的读者可以参考国际劳工组织中相关说明“测量除了失业以外的未充分利用的劳动力情况”，2008 年 11 月 24 日到 12 月 5 日的第 18 届日内瓦国际劳工统计学家会议出台的劳动统计数据显示了工作组劳动力未充分利用的情况。http：//www. ilo. org/wcmsp5/groups/public/ – – – dgreports/ – – – stat/documents/meetingdocument/wcms_ 100652. pdf。

2　《与工作、就业和劳动力未充分利用相关的决议》，采用了 2013 年第 19 届日内瓦国际劳工统计学家会议的相关研究。http：//www. ilo. org/global/statistics – and – databases/ standards – and – guidelines/resolutions – adopted – by – nternational – conferences – of – labour statisticians/WCMS_ 230304/ lang – – en/index. htm。

家，劳动者受到“就业”与“失业”这条二分法的影响很严重。相反，（绝大多数的人口以小型农业或者其他非正式活动维持生计，处于就业不足状态。）就像在纳米比亚所提出的研究主题，[1] 很少的人会因为自己所拥有的一小块土地或者山羊并且每周工作几个小时就认为他已经就业了，尤其是在这些活动中盈利或者收获的现金较少时。然而，他们却根据国际就业定义界定为就业。在这种情况下大多数人并不认为自己已经就业，那么就应该被定义为充分就业和失业之间的部分。

鉴于失业率是评估劳动力市场性能最常见的指标，它却没有为国家劳动力市场的缺点提供足够的信息。例如，在上述的情况中，就业量就是衡量劳动率高失业率低的指标。然而一个国家的高就业率并不意味着劳动力市场得到了有效的利用。相反，就业率低掩盖了相当数量员工工作时间少、收入低、使用技能少的现状，一般来说，工作效率也比他们能达到和想达到的效率要低得多。这会导致许多人会与失业者去竞争就业，使得失业率通过劳动力数量和未充分就业的数量增加而降低，从而解决前边所提到的问题。因此，添加一个与时间相关的就业不足指标就可以更好地理解真正的就业形势。

定义及数据来源

国际上关于与时间相关的就业不足的定义是通过 1998 年第 16 届 ICLS 提出并在 2013 年第 19 届 ICLS 中修补完善给出的。[2] 国际定义包括所有时间长短周期的就业人员时，有三个标准：（a）需要额外工作时间的；（b）工作时间少于指定时间范围（所有工作的工作时间）；（c）可以供更多工作时间的额外工作时间。这些定义的相关细节见本章节后述内容（专栏 12a 和专栏 12b）。例如，关于第一条标准，员工应该说：（1）除了他们现在已有的工作他们还想要另外一份工作；（2）想用另外的工作替换当前的工作以增加工作时间；（3）想增加当前工作的工作时间；（4）想要达到结合前三种可能的结果。

当前国际上关于与时间相关的就业不足的定义包括所有工人关于增加工作时间的想法的报告。这些非充分就业定义的差异在于当失业者积极地寻找工作是否就能找到。相关证据表明，如果定义中只包含那些想要增加额外工作时间的人，那么与时间相关的失业人员数量将大大减少。同时这项变化也可能使得未就业女性数量较少幅度大大高于男性，因此这也说明了女性往往不会寻找额外的工作即使她们十分想要这份工作。这或许与工作所需的时间以及他们所扮演的社会角色相关，比如女性需要照顾家庭和其他的家庭成员。

尽管在过去的 20 年中有关就业不足的定义有过清晰的改进，[3] 但由于它的制定标准仍然不完全，所以很少的国家采用这条定义进行测定。（这和 KILM 6 中所提到的不精确全职、兼职截止点是类似的）。精准度的缺乏不仅影响生产主体的定期统计，也干扰了对国与国之间不充分就业水平的比较。例如，一些国家会根据实际的或者常用的时间来评定人们是不是低于正常的工作时间，这个问题在 KILM 6 中也有提及。第 19 届

---

1 斯科特，W. 提出：“将就业不足量化：在纳米比亚进行劳动力抽样调查”的结果，1994 年 3 月日内瓦劳工统计局公报（ILO）；http：//www. ilo. org/wcmsp5/groups/public/ - - - dgreports/ - - - tat/documents/publication/wcms_ 087909. pdf。

2 《关于测量失业和就业不足的情况的决议》，采用 1998 年在日内瓦召开的第 16 次国际劳动统计学家会议提出的建议；http：//www. ilo. org/global/statisticsand - databases/standards - and - guidelines/resolutionsadopted - by - international - conferences - of - labour - statisticians/WCMS _ 087487/lang - - en/index. htm。2013 年《第 19 届日内瓦国际劳工统计学家会议二次报告》；http：//www. ilo. org/wcmsp5/groups/public/ - - - dgreports/ - - - stat/documents/publication/wcms_ 220535. pdf。

3 在第 11 届 ICLS（1966）通过的关于测量和分析不充分就业和未充分就业人员的 III 号决议中首次提出解决就业不足的目标，并在统计活动人口、就业、失业和就业不足的分析上采用第 13 届 ICLS（1982）会议的决定。

ICLS 中通过决议，要求按照工人平时工作时间以及实际工作时间（以及同时考虑这些方面）来单独判断与时间相关的不充分就业的比率，以鼓励就业。

如表 12 所示的指标反映了各种各样关于与时间相关的就业不足的标准定义的相关解释。国际定义按照下面三种常见情况分为了三类（或称代码）：[1]

（1）报告中所显示的拥有兼职或者工作时间低于分界点（实际或通常情况下）的在职人员，以及工作时间少于全职工作时间的全职工作人员——她们也被称作“非自愿兼职的工人”。

（2）就业人员的工作时间（实际或者通常情况下）低于分界点并且想要增加额外工作时间的工人。

（3）就业人员的工作时间（实际或者通常情况下）低于分界点并且需要增加额外工作时间的工人。

这些可能在国家最严格定义（代码 3）和国家广泛应用定义（代码 1 或者代码 2）在大多数情况下都对未充分就业工人的数量有较大程度的影响时更为适用。截至信息所显示的时间，个人的工作小时数（实际或者通常情况下）不包括就业不足的统计。

正如上述所提到的，统计数据完全居于对家庭的调查。他们主要来自于劳工统计局所提供的经合组织国际数据库，欧盟统计局办公室（EUROSTAT）以及国际劳工组织在线数据库（ILOSTAT）。在一定情况下，国家出版物也被拿来使用。

可比性限制

国与国之间关于与时间相关的就业不足的定义存在很大的差距。基于对国家实践的回顾，大多数国家的定义都包含工人想要的额外工作时间（代码 2）。许多其他的定义只包括了工人报告的没有更多工作时间或者工作小时数（代码 1）。然而具体的原因则是“无意识的”在各国间产生着变化。一定数量的国家是通过两个阶段获取到这些信息的。第一阶段是认定那些由于“非自愿”的原因导致工作时间低于临界值的工人。第二阶段是工人实际工作小时数低于通常工作时间长度的经济或者技术原因。然而被视为“非自愿”的原因并不是将两组工人同等比较。一些经济体会使用“工人需要寻求额外工作时间”（代码 3）作为应用定义。

大多数定义所指的人是那些每周的实际工作小时数小于某一固定时间的人。也有一些定义包括的人指“通常工作小时数”低于某个数值。其他定义包含上述两种工人类型。也许是因为国际上没有关于“兼职”的定义，国家之间对于时间节点的定义也不是很一致。在一些国家，临界值的定义是由全职工人的工作时间所决定的。一些国家会直接询问员工是否有兼职工作，或者以工人的正常工作时间作为临界值来进行定义。因此，不同国家的临界值存在着很大的差异。比如哥斯达黎加的截止时间，曾经（截至 2012 年）是以 47 小时作为全职的计量标准，然而大多数的经合组织成员国则是以每周工作时间低于 30 小时来作为评判标准。

上述关于测量与时间相关的就业不足的相关可能性的讨论并没有将定义最大限度的限制在一定的范围，并且国与国之间的差异一直存在。尽管关于这个衡量标准的所有信息都来自于家庭调查，但是各种其他的潜在局限性，诸如事件调查的差异、抽样的程序、收集问卷的不同等仍会对调查结果产生影响。在 KILM 9 提出了一个关于“比较性存在的局限性”的简明描述。

1 KILM 的用户需要根据表 12 的注释来分别对适用于每个国家的标准进行定义。

专栏 12a. 第 16 届国际劳工统计学家会议通过的关于失业和就业不充分的决议（1998 年 10 月，相关段落）

客观性

1. 对于失业和就业不足的评估主要目的是分析和改善就业问题，对制定和评估短期或长期的政策措施贡献充分的基础，按照就业政策公约（NO. 122）和 1964 年、1984 年国际劳动大会提出的《建议》（Nos. 122 和 169）的要求对就业率进行评估。在这种背景下，一个国家就业不足和不充分就业情况的指标都要用于统计就业、失业以及不活动和经济活动人口的情况。

2. 就业不足的评测方法是当前国际准则关于评定经济活动人口的劳动力测量标准的重要组成部分，因而充分就业情况的判定指标应该尽可能地与这个框架相符。

范围与概念

3. 评测劳动力、失业与就业不足的指标应该主要基于框架中对当前所描述的工作能力和工作情况的标述。这项决议之外的部分是基于关于适龄劳动人口能力和要求的不充分就业的理论研究。

4. 就业不足反映了未充分就业的人口所具备的生产能力，同时包括贫困国家或者地区的经济体系。它与有就业意愿的人的现状相关。在这个决议中，包含了与事件相关的就业不足的相关评测标准，如下述 8（1）中的定义。

5. 对于不充分就业形势的指示表现出影响工人工作能力和幸福水平的方面，并且不同的国情，对于职业技能学历、经济风险的类型、出差日程安排、职业安全与健康的不同要求、不同工作情况，都会对其产生不同的影响。在很大程度上，用于描述这种情况的统计概念尚未被开发出来。

6. 工人可能同时处于失业和就业不足的情况下。

与时间相关不充分就业解决方法

7. 当从业人员的工作时间关系着这个人在就业中是将要或者可能被聘用，还是被替代时，与时间相关的不充分就业就出现了。

8.（1）与时间相关的不充分就业人员包括国际指导方针下在就业统计数据中的所有人，并且需要满足以下三个标准作为就业定义的参考：

a）“想要增加额外工作时间”，即希望有现在工作以外的一份工作来增加他们的总工作时间；或者工作时间有所增加的另一份工作来替代现有的工作，或者以上的组合。那些积极地试图增加额外工作时间并有别于其他人的人是为了以国际环境下有意义的行动方式展示和表达他们多么“想要增加额外劳动时间”。“积极地搜寻增加额外劳动时间的工作”被按照测量经济活动人口中的找工作的定义准则加以定义。

b）“可用的额外工作时间”，即指准备好了在一定的后续时间因为有了额外的工作机会而增加了额外的工作时间。一定的后续期间指的是工人可用于工作的额外时间，在一些情况下也指工人离开一份工作开始另一份工作的过渡周期。

c）“工作时间少于标准工作时间临界值”，即一个人根据国情选择的工作小时数低于国际标准工作时间的临界值。这个临界值可能是全职和兼职就业之间的中间值、平均值或者相关规定工作时间的立法、协议等给出的标准值。

专栏 12b. 第 19 届国际劳工统计学家会议通过的关于工作、就业和劳动力未充分利用的决议（2013 年 10 月，相关段落）

155. 基于第 16 届 ICLS 关于这一主题的决议，衡量与时间相关的就业不足的标准建立在决议合并的基础之上。与时间相关的就业不足的实际定义并没有改变。然而，一些修改的文本提出了模糊的适应国家应用的国际标准。关于与时间相关的就业不足的定义使用了与工作时间相关的概念，并且对与工作时间相关就业不足的结构性和周期性进行了阐明。

与时间相关的就业不足

156. 在上述第 16 届 ICLS 中所表述的与时间相关的就业不足包括三个标准。它所定义的就业人口是在一个短的周期内想要增加工作时间，他的工作时间低于国家标准工作时间并且有可能在未来一段时间内增加劳动时间的人口。其中数据的主要来源和建立一小时工作时间的临界值是定义的重要组成部分。这个标准介绍了不同标准的就业情况，也表明了工作小时数以就业者在其实际工作中的所有工作时间作为参考。由于工作时间问题与工作数量不足有冲突，因此定义不考虑导致人们需要额外工作时间的原因，尤其是收入较低的人群。至此，定义中并未涉及与时间相关的就业不足的解决措施。

157. 各个国家可能会使用不同的方法建立时间临界值。区别兼职、全职的概念或者通常规定的作为标准的工作时间。根据第 16 届 ICLS 规定的通常工作时间并不存在。因此，正常时间的概念通常用做确定临界值。然而即使这样，用于衡量工作时间与特定就业群体的概念通常是不同的。不同的行业有不同的典型工作时间模式，例如在农业中，需要根据国情对不同的工作组设定不同的工作时间范围。

158. 定义模棱两可的第二个来源可能是评估时间参考的标准。在第 16 届 ICLS 决议中建立了可用于作为“工人离开一个工作开始另一项工作所需要的时间”的准确参考。在大多数国家实际上已经在使用这种方法，即确定失业的存在，并将之用作失业定义的一部分。然而在实践中，这样做往往只考虑了过去就业的情况，即相关人士没有做出必要的安排，使失业者能够从事其他工作，其结果是低估了与时间相关的不充分就业状况。某些人士负有就业之外的责任（例如养活家中不能自食其力的成员），在牵涉这类人士的案例时，这个问题便愈加严重。

159. 工作小时数模棱两可的最终来源被与时间相关的就业不足划分为两类。那些工作时间小于通常工作小时数或者偶尔超过通常工作小时数的人，在较短的周期内，由于经济原因不工作或者减少工作时间。这两个类别通常是相互排斥的。

a. 第一类是在长期与时间相关的就业不足的情况下工作（实际工作时间通常小于与时间相关的就业不足的临界值）。因此分开定义的时候这类人群可能被用于研究与时间相关的就业不足的实际情况。

b. 第二类是临时与时间相关的就业不足的情况。因此它可以反映出由于周期性或者季节性等因素造成的弹性的就业不足。

第 19 届 ICLA 通过决议的相关段落

43. 与时间相关的就业不足的人被定义为所有在职的想要额外工作时间并且总计工

专栏 12b.（续）

作时间小于指定时间临界值的人，并且社会能为其提供更多工作时间的工作机会与职位：

a.“工作时间”的概念是指实际或者通常工作的小时数，依赖于（短期或者长期情况）测量目标和国际统计标准。

b.“额外小时数”指在同一份工作中增加劳动时间，或增加现有工作以外的工作时间或者换工作以增加的工作时间，又或替换更长时间的新工作。

c.“小时临界值”是基于全职和兼职工作时间的中间值或者边界值，或者国家相关的立法时间并且为特定的工人群体指定的工作时间范围规定。

d.“可用的”额外小时应该建立在一个较短的参考周期内，反映出国家间典型的由于时间需求而离开一个工作并开始另一份工作的情况。

44. 根据工作时间概念的应用以及存在与时间相关的就业不足情况（即存在需要额外小时数的人），可以进行如下的分类：

a. 实际或者通常工作时间低于存在小时数临界值。

b. 通常工作小时数低于“小时数临界值”，但是实际工作小时数高于临界值。

c. 由于经济原因造成人“不工作”或者实际工作时间低于“临界值”（例如，由于经济活动或者萧条而被临时解雇）。

45. 以上区分的三类人群和与时间相关就业不足的关系的信息，通常来自于实际的或者通常的工作时间。但国家只是用一个工作时间就将其覆盖。实际或者通常工作小时数分类的主要标准是“不工作”或者小于“小时临界值”。

46. 进一步研究与时间相关的就业不足对劳动力市场职员的压力时，其数据来源很有可能是过去 4 周或者任意月份中想要增加额外工作小时数的要求。

KILM 13. 非劳动力人口

引　　言

非经济活动人口比率指的是非劳动人口在适龄人口中所占的比率，并不是指在劳动力人口中所占的比例。经济活动人口率和劳动力参与率相加刚好是 100%（详见 KILM 1）。各项指标的相关信息是从 189 个经济体提供的具有相同数量的标准年龄劳动力分组中产生，详见表 KILM 1a 年龄划分：15 +，15—24，15—64，25—54，25—34，35—54，55—64 和 65 + 这几个年份阶段。这个估算是为了调和各国之间数据收集和表格制作方法的不同，以及军队等特殊因素的差异。这一系列数字包含了各国国家公布以及估算的数字。

指标的使用

尽管经济学家倾向于关注劳动力市场中劳动力的活动方式和特点，但与此同时，也会对劳动力市场以外的非劳动人口产生兴趣，尤其是想要工作但是还没有找到工作的人。[1] 这种日益增长的兴趣来源于发达国家和发展中国家对改善和增加就业机会的逐渐关注。如果一个人既不工作也不失业并且没有积极地寻找工作，那么他将被排除在劳动力之外。当然，这类人总会存在各种各样不参与劳动的原因，比如，他们需要照顾家庭成员；他们退休了、生病了、残疾了或者需要上学；他们也可能认为没有适合的工作或者他们可能只是不想工作。

在一些情况下，某类人群所占的比率比较高并不应被当做坏事。比如，活动率相对较高的 25—34 岁的年轻人，他们很可能是因为接受教育而无法参与劳动。通过 KILM 13 中的数据，用户可以研究母亲在整个女性劳动力中所占的比例。人们早就意识到了家庭结构与劳动力市场的相关联系。比如，家长中女性首领的不活动率往往相对较高。已婚的家庭中，丈夫的不活动率通常比较低，尤其是有孩子的家庭。然而，很少不活动率低的女性也可以和该比率高的男性相匹配，比如当一个男性正在接受教育或者因为身体因素不能工作，那么他们便全部依靠女性的工资为生。

一些劳动力以外的人（包括被称为气馁求职者的人）被定义为个人或不是劳动力，他们通常因为特殊的劳动力市场原因而不再找工作，或者认为没有工作机会。这通常是由于个人对工作相关内容的认知缺乏造成的。不管他们（以气馁求职者为例）是因为什么原因而气馁，这些潜在的劳动力通常被认为是促进劳动力增长并且失业率降低的因素（尽管人口压力也应该被考虑进去）。当不被算入失业的人（因为他们没有积极寻找工作）面对很少的工作机会时，他们的想法会发生改变并且找工作的成功率会有所提高。此外，当气馁求职者的数量很高时，决策者可能会通过改善就业服务来吸纳这一类人参与工作（详见 KILM 10 中讨

1　这项决议是关于工作数量的统计，就业和未得到充分利用的劳动力的统计，采用了第 19 届国际劳工统计学家会议在 2013 年进入不活跃人群实际考察的结果。决议引入了一个潜在劳动力的定义并建议将有兴趣工作但是属于非劳动力的人群覆盖。它分为三个方面：

a）不可用求职者，指没有就业且正在找工作但是不能被接受的人；

b）潜在求职者，指没有工作同时没有在找工作但是可被接受的人；

c）有意求职者，指没有工作同时没有被要求找工作但是想要就业的人。

论挫折的章节）。

定义及数据来源

指标的定义从几个方面考虑了非劳动力人口。对整体人口评估要通过劳动力调查、人口普查以及其他相似的方法进行。通常情况下，评定标准是与劳动力人口现状相关联的。劳动力人口的定义是就业者与失业者数量的总和。其余的人口便是非劳动人口。

只有劳动力参与率和人口数据被视为可充分地进行跨国比较，才会被用于制定表13。[1] 到那时只有劳动力调查和人口普查的数据才会被用于评估建设。一个国家不止一种数据来源，但是只有一种类型的来源会被使用。如果一个国家允许进行劳动力调查，那么活动率的数据就来自于那些支持人口普查的国家。只有不活动率足够代表标准化年龄组（15 +，15—24，15—64，25—34，25—54，35—54，55—64，65 +）才会被用于数据建设。

表 13 中不仅包含真正的（国家公布）活动率，也包含由计量经济建模技术估算而来的比率。在建立表 1a 之前，需要对 GDP 水平和增长率、通过人口年龄结构变量和虚拟变量推测时间趋势、区域性统计和加减混合统计进行综合分析，同时这也是建立表 13 的前提。这些比率分别计算了不同年龄组与不同性别组的信息。

可比性限制

通常的可比性问题源于根据类型调查、年龄差异、地理覆盖面等不同方面的调查所产生的概念和方法，不适用于表 13。表格是来源于表 1 对于劳动力参与率的分析，只有在各国数据足够相似的前提下，表 13 才有可比性。建立协调的数据库在前章节已有具体说明。

1　参照 KILM 1 中相应的章节部分，细节建议参考表 1。由于表 13 是对表 1 的补充，因此实施方法是相似的。

KILM 14. 受教育程度和文盲

引　言

KILM 14 反映了劳动力以及失业者的知识技能水平和分布。表 14a 和表 14b 分别展示了 137 个国家的劳动力以及 141 个国家中的失业人口受教育程度分布，其中包含五种受教育水平：少于一年的、学前水平、初级水平、中等教育以及高等教育水平。表 14c 根据 128 个国家的三种受教育水平（初级或更少、中等和高级）提供了关于失业率的信息，即劳动力未就业的份额。表 14 展现了 166 个国家中文盲比率，也就是文盲占总人口的比重信息。

表 14a、14b、14c 以及 14d 中，信息根据性别或者年龄段进行分类：所有劳动力人口（15 岁及以上），青年人口劳动力（15—24 岁），成年劳动力人口（25 岁及以上）。

指标的使用

在所有国家中，人力资源都直接或间接地代表最有价值的、生产力的资源；传统意义上来说，国家依靠其工作者的健康、力量以及基本技能来生产可供消耗或者交易的商品及服务。复杂组织机构以及知识需求的增多，和精密仪器及技术的引进一样，意味着经济增长和福利完善越来越依赖于受教育人口占总人口的比重。而要让人掌握这些技能，可以通过经验、正式及非正式教育，和培训实现。

虽然劳动力的天赋仍然有很大影响，但是持续的经济和技术改变，意味着我们已经实现大量的人才资本储备，从终身学习和职业管理的角度来说，这不仅是由于初级教育和培训，还是成人教育和企业或个体工作者培训的结果。不幸的是，监测终身学习以及正式教育外知识和技能掌握发展的指标。十分稀缺。因此到目前为止，受教育程度的统计仍然是劳动力技能水平数据最好的指标。这是影响一个国家在国际市场上成功并可持续竞争以及有效利用快速技术发展能力的决定因素。同时，这也会影响工作者的就业能力。

检测与职业和收入相关教育水平的能力，在政策制定、大范围内经济、社会以及劳动力市场分析中十分有用。统计劳动力受教育程度以及趋势可以从以下角度分析：（a）国家实现重要社会和经济目标的能力；（b）通常劳动力广泛技能结构；（c）突出加强不同人群教育投资的需求；（d）支持有关技术水平对经济结果的影响以及提高劳动力教育水平不同政策的成就分析；（e）作出人口组之间、性别比较之间、国家内部和国家间教育资源分布不均衡程度的分析；（f）为发现尚未开发潜能提供现存劳动力技能指标。

基于失业者的受教育特点，KILM 14 指标可以阐明一个国家的重点长期项目是如何增强经济中贸易开放度或者分领域结构迁移的，又是如何改变劳动力市场中高低技能工作者经验值的。例如以技能为基础的工艺改变。该指标提供的信息对就业和教育政策都有很好的暗示作用。关于受教育程度低的人群更容易成为失业者这一情况，政策应寻找机会增强他们的受教育水平，或者在人才市场中创造更多的低技能职业。

相比之下，受教育程度较高的人群的失业率也较高，这说明市场上缺少足够专业和高水平技能的工作。在许多国家，很多高质量求职者都被迫从事低于他们技能水平的工作。在一些地方，高质量工作者的供应超过了专业和技能就业机会的增加速度，那么就必然导致与技能相关的高水平不充分就业（更多信息见 KILM 12 章节）。一个国家受过高等教育的专业人员面临失业很可能导致“人才外流”的结果。受教育的专业人员会为了寻找就业机会移民到世界上的其他地区。

然而，不仅是劳动力市场指标，人口失业率也可用潜在劳动力受基础教育程度来表现。读写能力和技术能力被认为是进入劳动力市场最基础的必要技能。

定义及数据来源

受教育程度[1]

KILM 14 中应用受教育程度的 6 种分类，从概念上基于国际标准教育分类的 10 种水平。国际标准教育分类于 20 世纪 70 年代，由联合国教育、科学和文化组织（UNECO，以下简称联合国教科文组织）设计提出，用于作为国家内及国际中配置、编辑和表现可比性教育指标和统计的工具。国际标准教育分类的最初版本（ISCED－76）从以下两个角度将教育概念进行了分类：受教育水平和受教育领域。交叉分类变量在修订版 ISCED－97 中仍然保留；然而，阐明和加强了分配规则和标准，受教育领域也更加详尽。[2]

许多国家继续使用 ISCED－76 的教育水平分类原则，但是越来越多的国家将其更改为 ISCED－97 的 9 种水平和 10 种分类。在 2011 年，新分类 ISCED－11 面世；然而，直到 2014 年基于 ISCED－11 的报告尚未出台。[3] 表 14a—表 14c 明确展现了每个记录所应用的分类系统。KILM 表 14 中还总结了主要受教育水平。

KILM 14 中的主要受教育水平为初级、中等和高等。初级教育旨在提供教育的基础元素（例如，在初级或小学教育以及低等二级教育学校），并对照国际标准教育分类水平 1 和水平 2。课程设计目标为给学生提供读、写和算术方面的有声基本教育以及对于其他学科的初级理解，比如历史、地理、自然科学、社会科学、美术、音乐，有些情况中还包括宗教指导。一些通常和非技能工作相关的职业项目以及要求进一步教育的学徒项目也包含在内。学生一般从 5—7 岁开始初级教育，并于 13—15 岁结束。成人的读写能力项目与初级教育项目的内容相似，也被划分为初级教育。

中等教育一般由高等中学、相当于这个水平的师范院校、职业或者技术性质的学校提供。另有安排，但是一般教育仍然是课程的组成部分。中等教育包括国际标准教育分类的水平 3（“后期中等教育”）以及水平 4（“中学后的非高等教育”）。中等教育学生一般开始于 13—15 岁，结束于 17—18 岁。需要注意的是，KILM 关于初级和中等教育的分类与联合国教科文组织颁布的分类不同。联合国教科文组织中水平 2 叫做“前期中等教育”。

高等教育由大学、师范学院、高等专科学校，有时候也由远程机构提供。高等教育的最低入学门槛是要完成中等水平教育或者有同等知识水平证明。它与国际标准教育分类中水平 5、水平 6、水平 7、水平 8（ISCED－97 中水平 5A、5B 和 6，ISCED－76 中水平 5、6、7）相一致。

除了初级、中等和高等教育，KILM 14 也包括受教育程度的其他分类，分别对应国际标准教育分类中的：学前教育（水平 X 和 0）以及无法定义教育水平（水平 9）。

1　更多关于劳动力和失业定义的信息，用户可以分别查阅 KILM 1 和 KILM 9 章节。

2　国际标准教育分类细节见联合国教科文组织：《国际标准教育分类 ISCED 1997》（巴黎，1998）；http：//www. uis. unesco. org/Education/Pages/international－standard－classification－of－education. aspx。

3　国际标准教育分类 2011 细节见联合国教科文组织：《国际标准教育分类 ISCED 2011》（巴黎，2012）；http：//www. uis. unesco. org/Education/Pages/international－standard－classification－of－education. aspx。

KILM 表 14 中应用的教育分类

KILM 水平	ISCED－11 水平	ISCED－97 水平	ISCED－76 水平	描述
学前教育	X：未受过教育	X：未受过教育	X：未受过教育	上学少于一年
	0：幼儿教育	0：学前教育	0：一级前教育	幼儿园、托儿所或早教班教育
初级教育	1. 初级教育	1. 初级教育或基础教育第一阶段	1. 第一级	在读写以及算术方面给学生以有声教育。学生一般为 5—7 岁，也有可能包括成年读写教育。
	2. 低级中等教育	2. 低级中等或基础教育第二阶段	2. 第二级水平，第一阶段	基础教育的延续，但是加以更具体科目的介绍。如果存在义务教育，这个水平就相当于其完成。也包括特殊职业培训教育和技术贸易的学徒项目。
中等教育	3. 高中教育	3. 高中教育	3. 第二级，第二阶段	基础水平教育的完成，通常专指一个科目。面向已经完成 8—9 年基础教育，或者基础教育以及职业经验表示其有能力处理这个水平学科事宜的学生。
	4. 大专教育	4. 大专教育		介于高中和大专教育之间的一种形式。项目在 6 个月到 2 年不等，针对已经完成 3 级水平程序的学生拓展知识。
高等教育	5. 短期三级教育	5. 第三级教育的第一阶段（不直接赋予高级研究资格），细分为：		
	6. 学士或者相等水平	5A	6. 第三级水平第一阶段，授予本科学位	为了进入更高等研究项目，更大程度上以理论为基础提供有效资质的项目。周期一般为 3－5 年。
		5B	5. 第三级水平第一阶段，授予奖章，但不等同于本科学位。	项目为典型的“实用”导向，为特定职业领域准备（如：高级技师、教师、护士等）。
	7. 硕士或相等水平 8. 博士或相等水平	第三级教育的第二阶段（授予高级研究资格）	7. 第三级第二阶段	高等学习及原创性研究，一般需要递交论文或专题演讲。

包括失业者在内的劳动力受教育水平统计，来自于国际劳工组织在线数据库（ILOSTAT）、拉丁美洲和加勒比海地区劳动信息系统（QUIPUSTAT）以及国家统计办公室的网站补充。受教育程度信息一般来源于国际统计服务提供的家庭调查、官方评估以及人口普查。

文盲率

读写能力的含义为阅读和书写日常生活

中简单句的技能。文盲则相反，也就是缺少阅读和书写日常生活中简单句的技能。文盲数量信息和文盲率来源于联合国教科文组织的统计机构（UIS）。[1] 这种评估要么是基于国家人口普查中的数据，要么是由 UIS 评估出来的。该模型评估法的相关信息见 UIS 网站。

可比性限制

在国家间或者年份间使用指标比较教育统计时，有很多限制因素。首先，需要注意的是，基于劳动力的其他指标比较中的相关限制在这里也适用。要了解可比性限制的附加细节，请参照 KILM 1 到 KILM 9 章节中相关部分讨论。

除了各种各样信息来源的不同，劳动力个体在教育水平中的分类方式也严重限制了跨国比较的可行性。许多国家很难在自己国家的分类法和国际标准教育分类法之间建立联系，尤其是在技术或专业培训项目、短期项目以及成人为导向项目（分布于 ISCED－76 中的水平 3、水平 5 以及 ISCED－97 中的水平 3、水平 4、水平 5）中。在很多情况中，一些国家并不严格遵守国际标准教育分类：一个国家可以选择水平 3（中等）并包含水平 5、水平 6、水平 7，或者在选择水平 1 或水平 2（初级）时包含水平 0（学前）。还需要注意的是，在少数国家中，国际标准教育分类水平以不同的方式结合。比如，有些国家水平 1 和水平 2（合成为初级水平）可能仅仅表示水平 1，而在拉丁美洲和加勒比海地区的很多国家可能仅仅表示水平 2。在进行比较之前，为了明确教育水平的实际分布，有关注释也需要密切关注，尤其是在“分类注释”栏给出的注释。

影响发达经济中欧盟几个国家的一个问题是已经接受学徒期系统最高水平教育人员的分类方式。这些国家的“中等”水平中关于学徒期的分类（尽管实际上，在其他国家，包含传统中等教育之外的一年或多年学习和培训），相比于职业培训组织形式不同的国家，会降低劳动力或者人口中高等教育水平的比重。在年轻人广泛参与学徒系统的地方，例如澳大利亚和德国，分类问题就持续压低了其上报的高等教育水平。

正如表 14d 中展现的文盲率信息中的可比性限制，其存在的主要原因是文盲的定义不同。最常见的定义是无法阅读和书写日常生活中的简单句。然而，不同的国家有不同的社会文化环境、定义、识字标准、收集和编辑识字数据的方法以及数据收集质量。在比较国家间、地区间识字情况时，需要特别注意。有些国家不用读写能力来定义文盲，而使用上学时间。比如，在爱沙尼亚（2000 年），如果一个人没有完成初级教育，就会被定义成文盲；在马来西亚（2010 年），文盲指的是从未上过学的人；而在安哥拉（2012 年），文盲被定义为无法阅读信件和报纸的人。因此，这些数据不具可比性。

---

1 联合国教科文组织的统计机构，见：http：//www. uis. unesco. org/Literacy/Pages/default. aspx。

KILM 15. 薪酬补偿成本

本章介绍了两个截然不同却又互相补充的指标。其一，表 15a 显示了 126 个国家的经济总量中工人月平均工资趋势；其二，表 15b 显示了 33 个国家的制造业用人单位支付给工人的平均薪酬成本的趋势和结构。

这两个指标的本质和主要目的各不相同。从工人角度出发，工资是非常重要的，代表着工人的购买力水平、购买力变化趋势以及生活水平，而第二个指标可以预估用人单位的人工支出。尽管如此，这两个指标却又是相辅相成的，它们反映了现有工资制度的两个主要方面。现有工资制度一方面可用来衡量职工收入，另一方面可呈现用人单位雇佣他们的成本，本章节对这两种截然不同又相辅相成的指标进行了描述。

对于大多数职工而言，工资——他们获得的收入——主要代表了与总劳动付出相关的收入。职工工资信息对规划者、政策制定者、用人单位以及职工本人而言都是非常有价值的经济指标。

从用人单位的角度来看，工资仅仅是雇佣劳动力的成本组成部分之一，这被称作劳工成本（以国际劳工组织概念为根据）、雇佣成本或者是薪酬成本。其他成本构成要素包括用人单位的社会保障福利支出、提供资金直接支付给职工或者是设立捐献基金、各种福利服务以及设施的成本支出，例如住房、职业培训或者是规定福利项目，这些措施主要是对职工有益的。

表 15b 中呈现了补偿成本的结构和水平，并区分了总的每小时直接支出、每小时社会保险支出以及与劳动力相关的税收。评估人工成本随着时间的推移不断变化在工资协商、促进就业、工资评估以及其他社会政策中发挥了核心作用。劳动力投入每个单元中的人工成本信息（即每时间单位）在分析某些特定的工业问题以及国际经济合作和国际贸易往来问题时是非常有用的。

引　言

表 15a 给出不仅是名义上的而且是实际可行的月平均工资趋势（如调整消费物价变动）。因为工资是收入的重要组成部分，并且有偿就业人口在劳动力中占据很高比例，所以平均工资水平代表了劳动力市场信息最重要的一方面。在大多数经济发达地区，高于 85% 的就业人口属于有偿就业人口，并且在许多新兴工业化国家，有偿就业人口所占比例还在持续上升（见 KILM 3）。无论是在发达国家还是发展中国家，工资水平信息对评估生活水平、该水平职工的工作状况以及生活条件都是必要因素。该指标有助于评估经济增长和劳动生产率上升（见 KILM 16）如何提高普通职工生活水平以及减少贫困（见 KILM 17）[1]。

平均工资水平信息还有利于合理规划社会经济发展，制定合理的收入分配以及财政政策，完善社会保障和福利机制，使劳资双方通过协商调节最低工资水平。政策制定者、用人单位以及工会组织应该密切关注工资发展趋势。从全球大局来看，国际劳工局在（ILO）两年发布一次最新的《全球工资报告》中分析了不同地区的工资发展趋势，

1　也包括国际劳工组织（ILO）体面工作指标列表中的平均实际工资指标；详见《千年发展目标指南》2013 年第二版（日内瓦，国际劳工组织）；http：//www.ilo.org/empelm/what/WCMS _ 208796/lang － － en/index.htm。

并探讨了工资政策所扮演的角色（见专栏15a）[1]。此外，对于这些相关工资数据，早已制定了完善的国际标准，实现该概念、领域、渠道的集合以及对工资统计数据的分类（详见 KILM 15“定义和来源”）。总体而言，这推进了国际比较。

表 15b 中的指标显示的是制造业雇员每小时补偿成本的水平、趋势以及构成。这将显示所有雇员情况，包括总体薪酬补偿成本水平，以美元为单位的绝对数值，是以美国为对比的相关成本指数（美国指数 = 100）。总补偿也细分为“每小时直接支付”及“非工作时间报酬”，还有“社会保险支出”以及“与劳动力相关的税收”，这些变量都直接用美元计价表示。

平均每小时补偿成本代表着雇主支付给雇员一小时劳动的福利补贴。这些福利补贴或直接折合计入总收入，或间接由雇主缴纳投入强制的私营商业社会保障计划、退休金计划、人寿保险产品以及雇主指定的其他福利计划。后者通常被称为“非工资福利”或者是“非工资人工成本”，而在表 15b 中提及的雇主支出被称作“社会保险支出和劳动力相关税收”。

补偿成本与人工成本息息相关，但第 11 届国际劳工统计学家会议（ICLS）的人工成本研究[2]并不完全符合国际劳工局（ILO）对总人工成本的定义，因为它并不包含所有的人工成本在内（详见专栏 15b）。尤其是招聘成本、员工培训成本及厂房设施和服务建设成本，如食堂、医务室以及福利服务，这些都没有包含在内。据估计，在已获得相关信息的国家中，不包括小时补偿成本的劳动力成本仅占劳动力总成本的 1%—2%。作为总人工成本的指标，这与国家核算的雇员补偿补贴也息息相关。[3]

指标的使用

经济活动中的实际工资是雇员购买力水平及其收入水平的主要指标，独立于该项活动的实际工作。因此，不论是对国家还是经济体而言，实际工资发展趋势都是非常有用的指标。工资购买力在不同时间、对不同国家都有着显著差异，这是现代化经济的特征，实际工资的变化可以提升（或降低）在职人口的物质生活水平。因此，实际平均工资是监控工作情况的重要指标，应结合贫困趋势（KILM 17）和低工资概率进行综述。

在符合国家法律规定的前提下，名义工资趋势可用来调整雇主合法支付给雇员的最低工资和报酬。[4] 但这不是它唯一的功能，最低工资和平均工资的比例以及平均工资数据，有助于政策制定者设定最低工资标准，有助于监控工资分布结构及其相对变动情况。[5]

社会合作伙伴——雇主组织和工人组织——依靠工人和工会收集的基本工资数据，通过保持名义工资与消费价格变动的一致性来保障工资购买力，尤其是在高通胀时期。当劳动生产率上升的时候，在可持续发展的企业实现实际工资的增长也是可实现的。

当与就业、生产、收入和消费这些经济变量一起使用的时候，实际平均工资趋势是用来分析整体宏观经济趋势、规划和预测经

---

1 请参考国际劳工局：《全球工资报告 2014—2015 年：工资和收入不对等》（日内瓦，2015）；http：//www.ilo. org/global/research/global - reports/global - wage - report/2014/lang - - en/index. htm。国际劳工局相关工资报告都可见 ILOSTAT：www. ilo. org/ilostat。

2 第 11 届国际劳工统计学家会议通过《关于劳动力成本统计决议》（日内瓦，1966）；http：//www. ilo. org/global/statistics - and - databases/standards - and - guidelines/resolutions - adopted - by - international - conferences - of - labour - statisticians/WCMS _ 087500/lang - - en/index. htm（详见专栏 15b）。

3 见《2008 年国民经济核算体系》（美国纽约，2009）；http：//unstats. un. org/unsd/nationa - laccount/docs/SNA2008.pdf。

4 注意名义最低工资制定，名义最低工资是主要比较方。关于名义最低工资法规，详见国际劳工组织：《2010 年劳动条件法律报告》（日内瓦，2010）。

5 见国际劳工组织：《全球工资报告 2010—2011：经济危机时期的工资政策》，章节 5. 2（日内瓦，2010）。

济发展的有用指标。这些指标的重要性表现在它们能够显示经济增长和劳动力比率上升转化成工人收入的程度并都逐一影响着总需求。对外贸易顺差的国家更可通过工资政策调整增加国内消费，促进经济平衡。

每小时补偿补贴成本（详见表 15b），和总人工成本，都有多种宝贵用途。雇用职工所需成本的水平和结构以及该成本随着时间推移的变化方式在各个国家都有着重要的作用。这不仅对工资协商，也对明确、实施、评估就业、工资以及旨在收入分配和再分配的其他社会财经政策意义深远。从国家层面和国际层面来看，人工成本是企业和国家竞争力的重要因素。细化到制造业，人工成本是世界贸易工业制成品竞争的重要指标。这就是为什么专家学者、社会组织、国家职能部门政府以及国际机构都对国家与行业间对比的人工成本信息十分关注。此外，非人工成本的分析和度量已经成为劳动力市场灵活性、就业政策、成本差异分析和国家间生产力水平对比的重要争论议题。

并非所有的国家都会依据国际劳工组织（ILO）定义的有关决定编制总人工成本统计数据。因为它要进行特殊调查，耗资巨大，负担沉重，尤其是对雇主而言。国际劳工局组织优先关注编译和出版的信息类型，尽管其关于制造业平均人工成本的信息可通过多渠道获得。平均人工成本指标描述了在不同的时间单位里，计算每小时人工成本的工时信息——这在国际劳工局所覆盖的国家并不总是可行的。国际比较也因缺乏定义、方法以及计量单位的协调而受到阻碍。国家间收入的定义差别巨大在有些国家收入的定义不包括所有形式的劳务补偿，并且省略了在总报酬中占较大比重的补偿形式。[1]

出于这些原因，表 15b 以其他信息来源为基础，即美国经济咨商局编制的制造业雇员每小时补偿成本估计。[2] 虽然这些估计数据不完全符合国际劳工组织（ILO）的总人工成本定义，但是美国经济咨商局调整公布的一系列未包含在收益数据中的补偿收入，几乎影响到所有国家呈现的总人工成本指标，这是国际可比性最高的系列数据。

补偿或人工成本一般没有性别之分。许多机构收集这些信息时不会刻意区分性别进行。此外，根据男女工人的能力水平以及监督职责，他们在行业内、机构间以及国家中的职业分布常常是不同的。因此，基于男女补偿成本信息的成本分配比较，得出的各自人数或者是收入数量将导致错误结论。同样的情况也适用于总人工成本度量，但分配既定成本部分更加困难，如男女工人福利服务或职业培训。考虑到这些难题，不建议国际劳工组织（ILO）基于性别进行人工成本统计数据分析。

定义及数据来源

年平均工资（详见表 15a）以名义和实际两种形式呈现。一般来说，名义工资统计是可行的，可描述为绝对数值并显示为本国货币。这反映了数据收集方式，常通过工资支付者（企业方）或工资接收者（雇员）获得数据。政策制定者需要名义工资统计（基于本国货币）来制定名义最低工资，雇主和工会需要名义工资统计协商名义工资比率。其他数据用户也需要名义工资数据，例如比较工资水平和其他可用名义指标（如贫穷门槛或物价），或将这些数据转换成另一货币形式。

然而，当涉及评估福利和工资变化时，名义平均工资的变化却不够丰富：他们仅表示在货币方面的雇员平均收入，但不包括工资所能购买的物品和服务数量。换言之，名

1 卡德维列，P. 和舍伍德，M.：“给出国际劳动力统计比较”，《劳动评论月刊》（华盛顿，DC，美国劳工统计局 BLS，2002 年 6 月）；http://www.bls.gov/opub/mlr/2002/06/art1full.pdf。

2 美国劳工统计局（BLS）国际劳动力比较（ILC）项目，编制该统计数据，但已于 2013 年废除。一经终止，美国经济咨商局便获得了 BLS 所有数据文件，并继续更新数据；详见：https://hcexchange.conference-board.org/ilcprogram/index.cfm。

义平均工资不涉及雇员购买力信息。这个购买力受其他诸多因素影响，如通货膨胀率因素：物价上涨（或下降）、雇员获得、使用或支付的服务的影响。因此月平均工资不仅有名义形式，还有实际形式，并可通过调整消费物价来实现切换。但是请注意，从普通消费者角度出发，居民消费价格指数（CPI）反映了价格变动，而一些工资收获者可能会经历不同的价格变动率（例如，当他们在食物支出上花费高于一般消费者时）。[1]

名义和实际平均工资都以本国货币呈现。数据用户可抛开汇率变动因素计算名义和实际工资增长率，可建立工资数据同其他以本国货币呈现的数据的联系。还应注意到一个事实，即出于方法差异，国家之间工资水平比较也许并不严谨，但增长率则较少受到统计差异影响。

表 15a 显示了国际劳工组织（ILO）全球工资数据库的月平均工资数据，这些通过官方数据公布在最新《全球工资报告》中。条件允许的情况下，这些涉及的实际月平均工资数据都来自于官方渠道。否则名义价值将根据国际货币基金组织（IMF）物价消费水平进行采集。实际工资有统一的通用基准年，即单个国家使用的居民消费价格指数（CPI）基准年。[2]

名义月平均工资来源于不同国家数据，由国家统计机构统一公布。理想条件下，该指标表示从“收入”角度而言某一国家的整体经济和全部雇员中的月平均工资（第 12 届国际劳工统计学家会议 ICLS 定义；详见专栏 15c）[3]。然而，不同国家采取不同方式收集工资数据。方式不同意味着来源类型、覆盖面以及数据汇集并生成月平均工资过程的不同。目标概念数据不可取时，密切相关的工资数据将取而代之（见本章“可比性限制”）。工资数据最常见的来源——特别是在上升经济体、欧洲东南部以及俄罗斯及独立国家联合体（CIS）中——是与劳动力相关的调查。他们从雇佣工人的机构进行数据采集。

这些机构通常会保留所有的工资支付数据——作为存档以及税收依据，该方法有利于生成可靠工资数据，而无须依赖雇员个人记忆。然而，在许多国家，企业常会脱离账本支付工资（即所谓的“信封工资”）以逃避税收和社会保障支出，因此基于雇佣机构获得的数据也是有限制的。

家庭调查是工资数据的第二个主要来源，可涵盖不同工作地点的所有雇工。[4] 家庭调查获得的工资数据常涵盖公共部门和民间各界，正规和非正规企业以及所有工业领域。然而，许多细微的方法上的差异却会影响基于家庭调查数据的国家间工资水平对比（见本章“可比性限制”）。

少数国家通过管理数据来源如社会保障记录来获取数据，或者结合少数不同的第一手资料合成工资数据。在一些国家，国民经济核算部门的中央统计办公室生成的工资数据更接近期望值。然而国民经济核算仅采用了平均工资水平的一部分，而职工的报酬却有两个主要组成部分——工资薪酬以及雇主缴纳社会保障费用——并与总报酬及就业数据共同存在。

调用用人机构和人工成本调查数据，制造业职工每小时报酬成本（详见表 15b）是对美国经济咨商局国家统计数据的评估。收入统计取自国家化就业、工时和收入调查，或采集自制造业调查和普查。通过各国每小时直接支付的平均收入、社会保险以及劳动相关税收和不包括在收入内的补贴数据调查调整总体薪酬。国家衡量“时薪”收入时，为避免通过“实际工时”预测收入，这些数据也会做出调整。

1　出于某些目的，其他价格指标如生产价格指数（PPI）或 GDP 折算指数会更合适。

2　多数情况下，国际货币基金组织（IMF）在《世界经济展望》中的居民消费价格指数（CPI）数据使用广泛。单个国家的基准年信息可在 IMF 元数据中找到。

3　由第 12 届国际劳工统计学家会议通过的《关于工资体系综合统计的决议》（日内瓦，1973）；http://www.ilo.org/public/english/bureau/stat/download/res/wages.pdf。

4　在机构住所的住户通常是不予计算的，如军营、监狱或寺庙。

调整方面源自多个渠道，如周期性人工成本调查（穿插在其他非调查年份信息中）、雇主社会保障缴纳比率年度报表以及法律政策上的福利待遇变化信息。必要时，考虑到工人的地域差异，工业分类系统、调查覆盖区、调查频率的变化，统计数据也进一步得到调整。

一个国家的补偿成本是以本国货币为单位计算的，可用当日美联储或国际货币基金组织（IMF）公布的兑换汇率转换成美元。对于欧洲地区国家，由于欧元近年才成为欧盟的官方货币，该数据也是近几年才通过欧元兑美元汇率换算成美元。使用欧元多年来，该数据由以前国家货币转通过原货币与美元汇率或转换成欧元时已建立的固定汇率进行兑换。

制造业每小时薪酬由北美工业分类系统（NAICS）进行定义。北美工业分类系统是美国、加拿大和墨西哥三国通用的工业分类系统。该系统的制造业定义与其他国家有所不同。在这种情况下，美国劳工统计局为确保这些数据的可比性对此进行了调整。以下为表15b中用于每小时总薪酬成本的定义：

该数据（1）每小时直接总支付款项；（2）雇主社会保障支出；（3）劳动力相关税收。

每小时直接总支付款项指所有直接支付给工人的款项，包括工作薪酬以及直接支付福利在内。这个定义与国际劳工组织（ILO）“总收入”的概念相同，包括：（a）工作时间报酬支付，基本工时工资、计件工资、加班费、值班津贴以及其他常规奖励和生活费用自动调整；（b）其他支付款项如非工作时间报酬（节假日、年假、其他个人、家庭原因或公民义务带薪休假等，病假不包括在内），季度或非常规奖金，其他特殊款项、社会津贴和其他款项。

社会保险支出指的是雇主为保障员工社会福利津贴（法律、合同、个人规定的）缴纳的款项。这些缴纳款项通常是员工将来的收益和福利。

劳动力相关税收指的是工资或就业税收（或供给补贴的减少）等不参与员工直接受益的金融项目。

一个机构内的所有雇员包括在指定工资发放期内的生产工人、其他全职或兼职工人以及临时工。接受指定工资发放条例的工人在此范围内，自由职业者、无薪酬家庭工作人员、私人家政工人不计入此范围。

可比性限制

正如前面所言，数据收集编制来源和方式的不同以及各国具体实际情况不同，对各国可比性造成了影响。主要信息源（用人机构调查统计和家庭调查）在主体、范围、收集和衡量方式以及调查方法等方面都有所不同。信息范围可能有如下不同之处：地理覆盖面、工人覆盖面（如排除兼职工人）[1]和用人单位及企业覆盖面（基于用人单位规模或行业覆盖规模）等。

大多数国家都有不同规模的用人机构调查，但部分国家五人或十人以下的小公司不计入调查范围。一些国家还将调查范围限制在私营机构（如排除公共部门）或指定行业的私营机构范围内（如制造业）。如果小企业支付工资低于大企业或者公共部门工资不同于私营机构工资，这些排除项将影响到数据采集的可靠性——这取决于它们之间的区别程度和排除在外的雇工数量的多寡。然而，假如排除在外的用人机构与这些被调查企业工资保持一致，排除项将仅对一段时间的工资趋势产生微弱影响。因此，非全面覆盖数据也是工资增长分析的一个有用指标。

用人机构调查通常会从中央统计办公室或其他类似机构的样本存档库中调取数据，如公司注册机构。在发展中国家，这是一个很大的限制因素，因为样本库缺乏众多小型未注册机构数据。同样地，占据总就业量很

1　值得注意的是，涵盖了所有受雇者的工资数据不应直接与仅涵盖员工的工资数据作比较，雇主和家政工作者等人员数据会造成可比性偏差。

大比重的个体家庭家政工人在一些发展中国家也被排除在调查范围外。[1] 因此，在一些发展中国家，用人机构调查仅采集了一小部分工人（即公共机构、大型现代化企业工人）的工资数据。在这样的环境下，信息采集应该更换更优方案。

家庭普查比用人机构调查涵盖面更广。但在自报收入时存在许多问题。此外，家庭普查的方法差异也会影响到可比性。比如，一些调查采集月薪数据，另外一些采集的却是上月实际到账工资。有时，也并不清楚调查对象报出的是总工资还是净收入（如税前或税后工资以及是否扣除应缴社会保障金）。这些差异将会对工资水平报告产生重大影响，但由于调查测量工具保持不变，它对工资变化趋势影响不大。

当使用相同工资概念（如收入）时，工资各组成部分（如奖金和津贴或非现金报酬）的排除或增加，就会产生差异。收入统计数据表明波动反映了工资比率和额外补偿费用变动的影响。另外，每日、每周和每月收入取决于工时（特别是对每小时加班费和减时工作），而每小时收入受计算的工时——实际工作时间、时薪或正常工时——影响（详见 KILM 7）。

当进行国家间实际工资趋势比较时，应牢记该指标不仅以具体国家的工资数据为基础，还会受平减物价指数即居民消费价格指数（CPI）的影响。居民消费价格指数的范畴不仅是家庭或群体范围，还包括地理区域范围。国家间具体实际情况也因不同的居民消费价格指数计算标准而不同，包括季节性产品处理方式、新产品上市和质量变化、耐用品和住房消费、计入和排除金融服务及间接税收等。

其他因素也会影响国家间工资趋势可比性。其一是工资和居民消费价格指数的基准期。年平均时薪或月薪是基于周、月、季度基准期的平均信息。在某些情况下，它们是以整个日历年或财务年度为基础的。其二，居民消费价格指数数据是一个平均指数，大多是月平均，少数是季平均或半年一次的平均数据。名义工资和居民消费价格指数信息不在同一时间范围内将导致多种问题的出现。在使用表 15b 中的每小时报酬成本来进行国际竞争力比较时，应牢记，这些差异仅仅是竞争力的一个影响因素，因此单独使用该数据是错误的。同样，牢记该指标衡量了制造业雇员的薪酬补偿，是各国制造业竞争力的重要指标。然而，当与其他指标联合使用时，如劳动力比率（详见 KILM 16），相关变化在竞争力评估中将产生作用。

但也应注意每小时报酬补贴成本不等于居民收入购买力。这有以下两点原因。其一，这与薪酬补贴成本的本质和组成因素有关。薪酬补贴款项直接支付给雇员，包括雇员的福利支出。而“非直接支付”款项则包含现有的社会福利，如家属津贴，延付退休金福利或各项社会保险（如失业险和保健福利基金），它仅是特定情况下的收入。在少数国家，非工资性成本还包括部分应支付的税收，如就业税或工资税。

其二，不同国家物价和服务价格区别较大，使用商业汇率将国家统计数据转化为单一货币并不能代表物价相对偏差。一个更有意义的工人收入购买力国际比较包括购买力平价指标（PPPs），即为了购买同等商品或服务，将一国货币兑换成另一国货币的比率。

尽管为确保国家间和时间上的高可比性，已经对制造业工人每小时薪酬补贴成本（表 15b）进行了调整，但差异仍然存在。平均收入数据作为这些估计测量的基础，会受到工业产业结构的变化影响，即用人单位数量、活动水平的上升和下降以及劳动力就业结构的变动（相关男女就业、熟练工与非熟练工、全职工人和非全职工人等方面比例的变动），所有这些因素都会影响国家工人的收入和福利水平。

1　据国际劳工组织（ILO）估计，全球有偿家政工作者占比在 2010 年达到了 3.6%，拉美地区和加勒比海地区此比率高达 11.9%，而中亚地区也达到了 8%。详见 ILO：《全球性与区域性家政工作者评估》，家政工作政策简报第 4 号（日内瓦，2011）。

专栏 15a. 国际劳工组织全球工资报告

两年一度的《全球工资报告》是国际劳工组织（ILO）关于工资趋势和政策的旗舰出版物。它采用了大量指标对全球工资发展进行分析，包括全球实际平均工资指标、低工资率（被定义为工资低于中等收入 2/3 的比率）和工资收入在国民收入中所占比例。从全球性上来讲，该报告是独一无二的，数据采集自全球 130 个国家和地区（最新数据），全球约 95.8% 的工人的工资数据都包含在内。该报告文件在标准方法基础上修正全球七个地区工资增长偏差。

该报告还给出了如何实际操作劳资协商，通过有效工资政策建立公平合理的最低工资和收入政策。受到客观因素启发，该报告推动和促进了“工资和收入、工时和其他工作条件政策，旨在确保进步成果所占份额，为所有雇员和有需要者提供这类保护”，其中一个中心内容就是《体面工作协议》（详见国际劳工组织“关于实现社会公正以推动公平的全球化的宣言”）。此方法的相关性已经应用于对全球经济危机的影响，许多国家政府采取收入支持扩张政策和工资津贴方法稳定国内需求，支持经济复苏。

更多信息可从包容性劳动力市场、劳动力关系和工作条件分支（INWORK）、国际劳工组织（ILO）关于工资数据分析和政策建议的领头项目中获得，或可浏览官方网址：http：//www. ilo. org/travail/lang－－en/index. htm。本文建立的经济计量模型利用国家家庭调查可行数据，以就业分布为经济分类的基础评估指标，增加一系列总人口分布和劳动力市场关键指标、宏观经济和人口指标。基于 142 个发展中国家的经济分类，该模型可输出完整的全国就业评估和保护信息，可服务于生产区域集合。

资料来源：Kapsos，S.、Bourmpoula，E.：《发展中世界的就业和经济分层》，国际劳工组织（ILO）研究报告第 6 号，2013；

网址：http：//www. ilo. org/wcmsp5/groups/public/－－－dgreports/－－－inst/documents/publication/wcms_216451. pdf。

每小时薪酬补贴成本只是部分估计数据，每年最新信息都由美国经济咨商局进行修订。例如，2001 年在年度制造业调查中，美国修订了自 1997 年起的非工资成本中的每小时薪酬补贴成本数据。2006 年，墨西哥修订了自 1999 年起的工业普查数据，而爱尔兰和挪威则在 2004 年的人工成本调查中修订了自 2001 年起的非工资补贴成本数据。

水平比较数据是制造产业平均值，不一定代表所有行业构成部分。在一些国家间如美国和日本，每小时薪酬补偿水平的工业差异很大，而有一些国家间如德国和瑞典，差异相对较小。此外，以美元为单位的薪酬补偿水平随时间推移所产生的变化，也有以下影响因素：（a）以本国货币为单位的国家工资福利变化趋势差异；（b）货币兑换比率频繁而剧烈。

指标间的可比性也是有限制的。对信息用户而言，从国家层面和时间层面比较工资比率、收入或人工成本是最难的工作。用户要特别认识到以下几个问题：

（1）也许每一个指标信息都会受到来源差异的影响。即使用的概念和定义、范围和覆盖面以及编辑数据的方法和信息呈现的方式不统一。表 15a 反映了这些差异的未经调整的国家统计数据。而表 15b 则已经由美国经济咨商局进行多方调整，以确保国家间的高可比性。然而，一些差异的存在仍不可避免。信息用户应注意每个表格的指标。

专栏 15b. 第 11 届国际劳工统计学家会议通过的关于人工成本统计的决议（1996 年 10 月，相关段落）

第 11 届国际劳工统计学家会议（ICLS）（日内瓦，1966）通过了一项关于人工成本统计的报告，对国际人工成本分类标准建议如下：

Ⅰ. 直接工资和薪水

1. 工人额定时间的单纯计时付酬

2. 工人额定时间奖金支付

3. 工人计件收入（不计加班补贴）

4. 加班、夜班及节假日上班补贴

Ⅱ. 非工作时间报酬

1. 年假、其他带薪假，包括长期服务休假

2. 公共假日和其他公认假日

3. 其他批准带薪休假（如家人生日或去世、婚假、名义公差、工会活动）

4. 不属于社会保障支出的遣散和解雇费用

Ⅲ. 奖金和津贴

1. 年终奖金和季度奖金

2. 分红奖金

3. 其他假期额外支付款项、补充正常带薪休假工资、其他奖金和津贴

Ⅳ. 食物、酒水、燃油和其他实物支付

Ⅴ. 雇主承担员工住房费用成本

1. 独资住房费用

2. 非独资住房费用（津贴、补助等）

3. 其他住房费用

Ⅵ. 用人单位社会保障支出

1. 法定社会保障金缴纳（包括养老、残疾、疾病、生育、工伤、失业和家庭津贴）

2. 统一协商的、合同规定的以及非强制性缴纳的个人社会保障和保险（包括了养老、残疾、疾病、生育、工伤、失业和家庭津贴）

3a. 直接支付给雇员因疾病、生育、工伤缺勤的补偿收入

3b. 其他社会福利保障直接支付项目

4. 医疗卫生服务费用成本

5. 被视为社会保障福利支出的遣散费

Ⅶ. 职业培训费用成本，包括外聘培训员费用及其他支出、培训场地、教学器材、返还员工学费支出等。

Ⅷ. 福利服务成本

1. 食堂和其他餐饮服务成本

2. 教育、文化、娱乐及相关设施和服务成本

3. 信用合作社补助和相关员工服务成本

Ⅸ. 其他未分类劳动力成本，如员工上下班通勤交通费（含车费报销等）、工作服以及招聘等成本。

Ⅹ. 税收也是劳动力成本的一部分，如就业税和工资税（包括被扣除的国家规定的津贴和退还款）。

专栏 15c. 第 12 届国际劳工统计学家会议通过的关于工资体系综合统计的决议（1973 年 10 月，相关段落）

8. 在工资统计数据中，收入的概念与支付给员工的现金和实物薪酬有关联，也与定期工作量和工作报酬、非工作时间报酬年假和其他带薪休假或节假日有关联。收入不包括雇主的社会保障缴纳部分，如员工养老金和其他社会福利款项，也不包括遣散费。

9. 收入统计数据与雇员的总报酬相关联，应扣除税收、社会保障和养老计划缴纳金、人寿保险、工会会费和其他应付费用。

10.（1）收入应包括：直接工资和薪水、非工作时间报酬（遣散费不包含在内）、直接支付给员工的奖金津贴和房屋、家庭补助。

（a）直接工资薪水包括：（i）工人额定时间的单纯计时付酬；（ii）工人额定时间奖励支付；（iii）工人计件收入（不包括加班补贴）；（iv）加班、夜班及节假日上班补贴；（v）支付给销售及其他员工的奖金、补贴。包括：资质和特殊技能奖金、地域差异补贴、责任奖金、污垢、危险及不适补贴、工资制度系统下的生活津贴和其他定期补助。

（b）非工作时间报酬包括公共假日、年假和其他雇主所给休假直接支付的工资。

（c）奖金和补贴包括季度奖金和年终奖金，补充正常带薪休金，假期额外酬劳和分红奖。

（2）收入统计数据应区分现金收入和实物收入。

（2）应细致比较同一国家的年平均工资与每小时补偿成本。工资和总补偿成本不可相互替代。二者的差异受诸多因素影响，如名义工资的飞速增长（或下跌）、非工资福利增长、社会保障福利项目随时间推移产生的变化、雇主缴纳的相关社会保障款项和雇员及政府款项等。

（3）表 15a 揭示了一系列以本国货币为基础的名义和实际月工资趋势数据信息，而表 15b 则展示了每小时薪酬补偿成本发展趋势、水平及美元结构。在第一个指标中，居民消费价格指数（CPI）已作出调整，而在表 15b 中，为获得实际工资和名义工资系列数据，国家名义工资数据已经转化为美元单位，随着时间推移它受到国家间美元兑换汇率等变量的影响。

抛开这些统计数据中出现的可比性问题，用户应尽一切努力来选择尽可能接近目标概念信息。只要用户对这些问题提高警惕，工资和补偿成本指标就能为社会经济分析提供有用观点。

专栏 15：第 13 届国际劳工统计学家会议通过的关于工资体系统合统计的决议（1973 年 10 月，相关段落）

KILM 16. 劳动生产率

引　言

本章介绍了劳动生产率的信息，总体经济的劳动生产率定义为每单位投入的劳动力（从事的人或工作时间）与其产出量的比率。劳动生产率测量经济体中生产商品和服务的投入效率，它提供了一国之内衡量经济增长、竞争力和生活水平的标准。

指标的使用

一个国家的经济增长可以归功于就业的增长或者受雇者更有效的工作。后者的效果可以通过劳动生产率的统计数据描述。因此劳动生产率是经济表现的关键。对一国经济增长背后推动力的理解，尤其是机械设备的积累，组织、物质以及基础设施的提高，提升了工人的健康水平和技能（“人力资本”）。新一代技术，对制定支持经济增长的政策尤为重要。这样的政策可能集中在产业和贸易法规、体制创新、政府在基础设施上的投资项目以及人力资本、技术或相关的任意组合。

劳动生产率的评估有利于劳动力市场政策的制定并且监测他们的效果。例如，高劳动生产率通常与高水平的或者特定类型的人力资本相关联，这表明特定的教育和政策应保持优先地位。同样的，生产率的趋势评估可用于了解通货膨胀率中的工资或用来保证辅助（部分）工人提高生产率。

最后，生产率可帮助了解劳动力市场如何影响生活水平。当劳动强度低时，提高工人年平均工作时间，创造就业机会是除提高生产力以外提高人均收入的重要方法。[1] 例如，欧洲生产力水平比较接近美国但是人均收入水平低于美国。生活水平可以通过加强劳动强度来提高，可以通过鼓励更高的劳动参与率或鼓励工人工作更长的时间来实现。比如，通过为经济活动创造更体面和有生产性的就业机会。相反，当工作强度已经很高，例如在东亚，增加生产力是提高生活水平的关键。在任何情况下，提高劳动力参与率仅是一个过渡性增长来源，这取决于人口增长率和人口年龄结构。从长远来看，劳动生产率决定人均收入的增长。

定义及数据来源

生产率代表每单位投入的产出量。KILM 16 中所指产出是通过国内生产总值来衡量，因为总体经济在购买力平价上导致了国家间的价格差异；表 16a 的市场汇率，它反映了产出的市场价值。

劳动生产率的增长可能归因于劳动力效率的提高，而不是更多投入，或者归因于每个工人有更多的其他投入，比如物质资本、人力资本或中期投入。更复杂的“生产率总要素”，是总投入的每单元输出总和，它并未包括在 KILM 16 内。[2] 如果经济或产业

1　很明显，生活水平与人均收入不对等，但后者可以成为前者的一个有力评估指标。例如，联合国开发计划署（UNDP）在《2014 年人类发展报告》中指出，在 2012 年人类发展指数（HDI）和人均 GDP 两个指标中，186 个经济体中有 107 个的 HDI 排行高于 GDP 排行，2 个经济体持平，剩余 77 个的 GDP 排行高于 HDI 排行。

2　关于近期全要素生产率的增长估计，请参考美国经济咨商局经济数据库，2015 年 5 月；网址：http://www.conference - board.org/data/economydatabase/。工业发展水平估计可以从 EU KLEMS 生产力发展账号查询（http://www.euklems.net）。

活动的混合从低水平的生产率转移到更高水平的生产率，劳动生产率的评估也可能增长，即使没有一个活动是因为其自身变得更有效率。

对于持续的“混合”活动，劳动力投入产能的最佳计量方案是将所有被雇佣者投入到年总工时数当中。然而在许多情况下，该计量措施难以有所斩获，难以进行可靠评估。因此，表 16b 展示了两个系列的劳动生产率，人均 GDP 和 GDP 每小时工作产出值；劳动生产率数据——每位工人的 GDP 数据——则体现在表 16a 中。

为比较不同经济体的劳动生产率水平，在购买力平价（PPPS）的基础上，将产出转化成美元单位是有必要的。购买力平价表示一个国家购买一套标准价值一美元的货物和服务所需货币数量。购买力平价在相关价格方面的运用是有国别差异的。官方货币汇率已被替代，隐含的假设是国家间相关价格不再有差异。表 16b 中的劳动生产率评估是 1990 年美元价值转换成购买力平价的数据（因为 1990 年购买力平价实现了多国间比较——细节如下），并且在表 16a 中，2005 年国际元转化购买力平价与当年的恒定美元转换是一样的。

表 16b 中的劳动力生产率评估来自美国经济咨商局经济总量数据库，适用于 123 个不同经济体。该数据库也包括通过人工报酬计量，以获取每单位人工成本。完整文件的来源和方法以及购买力平价的基本运用文件都可从数据库网站下载。[1]

在表 16b 中，经济合作与发展组织（以下简称经合组织或 OECD）成员国的 GDP 评估均为 1990 年以后的数据，大部分是取自 OECD 的国民经济核算卷一和卷二（年刊）以及欧盟统计局新克洛诺斯（New Cronos）数据库。截至 1990 年，这些数据大部分由麦迪逊（Maddison，1995）进行统计。[2]

通过 GDP 除以总就业人数可计算表 16b 中的人均劳动生产率。这些就业评估数据取自 OECD《劳动力统计数据（年刊）》、欧盟统计局新克洛诺斯（New Cronos）数据库、国际劳工组织就业评估以及维也纳比较经济研究所（WIIW）。要计算每小时劳动生产率，就要通过多方渠道估算年度总工作时数，“实际人均工时”是个体国家的首选指标。国家来源和采集数据都具有一定的适用性，如 OECD 增长项目，就是斯卡皮塔（Scarpetta）等人进行的数据更新（2000 年）。[3] 近年来，OECD 就业趋势展望广受好评。各变量数据具体来源——GDP、就业和工时——都是经济总量数据库中的有用数据，可对 KILM 表格数据进行解释。

而对于非 OECD 国家，国民经济核算和劳动力统计数据可从其他国家层面渠道获得，如世界银行、亚洲开发银行、美国食品和农业组织（FAO）、国际劳工组织以及联合国统计处等，这些都是统计数据的重要来源渠道。[4] 麦迪逊在 1995 年对这些数据进行补充说明，涵盖了整个 1980—1990 的 10 年。麦迪逊还提供了每小时工作的基准估计数字，这是非 OECD 经济体[5]的一个重要数值。在某些情况下，个体国家的国民经济核算统计数据是非常有用的。

无法获得有效就业数据时，美国经济咨商局将补充包含总劳动力数据的就业数据，这里出现的案例有 1/3 来自发展中国家。劳动力指标不一定是就业的充分指标，表 16a 的劳动生产率表格补充了美国经济咨商局公布的劳动生产率指标（表 16b），充分利用

---

1 经济总量数据库：http：//www. conference - board. org/data/productivity. cfm。该数据库以前设立在荷兰格罗宁根大学格罗宁根增长和发展中心，该研究中心还开展了关于经济增长率的经济发展水平效率和差异对比分析研究；详见最新版本：http：//www. ggdc. net/index. htm。

2 A. 麦迪逊，基于“历史统计”数据库；网址：http：//www. ggdc. net/maddison/。

3 参考 Scarpetta，S. 等人：《经合组织（OECD）经济增长区域：在整体和行业水平》的最新发展趋势，经济部工作简报，第 248 号，（巴黎，OECD，2003），表 A. 13。

4 世界银行：《世界发展指标》；亚洲开发银行：《亚太地区发展中国家关键指标（年刊）》；联合国：《国家经济核算统计：主要总表和明细表（年刊）》。

5 Maddison，A.：《1820—1992 年间全球经济监测》（巴黎，OECD 发展中心，1995）。

国际劳工组织经济计量模型中的就业数据（见 KILM 2）。

通过计算 2005 年购买力平价国际元与 GDP 数据可得到表 16a 中的劳动生产率数据，这些原始数据均来自世界银行世界发展指标数据库。[1] 要计算人均 GDP，可采用国际劳工组织的总就业估算值。[2] 没有真正就业数据的国家将被 2000 年后的市场排除在外（这意味着所有数据节点都是估算得出的，缺乏有力支撑）。此外，当以竞争力指标为目的时，一系列 GDP 市场汇率数据补充了表 16a，以支撑其更好地评估劳动生产率。GDP 数据（2005 年恒定美元价）同样是源自世界银行世界发展指标数据库。表 16a 适用于 140 个国家，覆盖了所有区域性 KILM 群体。

可比性限制

评估的国际和历史可比性限制总结如下几条：国家货币输出计量、就业和工作时间。

国家货币输出计量

通过国民经济核算制定货币输出措施，尽可能地体现出经济总量的 GDP 市场值。尽管都是以美国国民经济核算体系为基础，明显的差异性问题依旧为数不少，非 OECD 国家差异尤其显著。包括以下方面：

（a）服务行业对待输出的方式不同。在许多经济体中，尤其对于非市场化服务，输出经常是在输入的基础上做估算，如总劳动报酬数据或隐含的生产力增长假设；在其他情况下——输出方案可计量时——质量变化往往不能充分反映输出总量。

（b）通过不同流程修改随着时间推移而产生的价格变化，尤其是对于不同平减指数使用不同权数系统。多年以来，传统的恒定价格产出输出趋势已经在权重方面固定下来。固定权数常常暗示着过高估计了总量增长率，产生偏差使之与基准年的距离越来越远。因此绝大多数经济体的权数一般是五年一换或十年一换。在 2015 年里，越来越多的 OECD 国家开始将目光转移到年度系列权数的使用。[3] 其他国家间的重要方法差异还包括平减指数在信息和通信技术产品（ICT）上的使用。物价下跌往往是在传统的价格衡量方法上的不充分选择。美国已经推出一系列针对信息和通信技术产品特征的价格平减指数，用来衡量产品随着其主要特征的变化而产生的价格变化。许多其他国家正在他们的国民经济核算中推出这一类型的价格衡量措施，但其速度和效率远低于美国。在制造业最新问题的估计上，已通过使用统一的信息和通信技术行业平减指数进行处理，这些国家以美国的特征平减指数为基础，但其国民经济核算缺乏有力的发达经济体支持。一些经济体使用通过特殊调查方式得来的“未注册登记活动”数据，或者是非直接人口普查和其他来源来对这些活动行为进行评估，评估数据在其覆盖的经济体中差异巨大。[4]

此外，对于这种不一致，在国家统计调查的质量和范围上和在国家人力资源储备预测上的差异也至关重要。

就业

就业评估一般是针对一年内有一个或多个带薪职位的人员。尤其是针对亚洲和拉丁美洲的低收入和中等收入经济群体。对个体户和从事农业的家庭工人以及非正规制造活动的人数统计可能没那些受薪雇员可靠。在输出评估的情况下，就业评估对非正规的总量差额或者隐含大部分劳动投入的非正式雇佣比较敏感。在某些情况下，非正式劳动根

---

1 更多详情，请参考世界发展指标数据库网页：http：//data. worldbank. org/data – catalog/world – development – indicators。

2 更多详情，请见 KILM 2。

3 使用系列权数的方法可使不同权数运用在不同时间片段，再进行整合。

4 方法概述详见如 OECD：《未观察经济计量手册》（巴黎，2002）。

本不包括在生产和就业统计内。农业劳动力评估包括很大一部分的家庭工人（兼职的和季节性的）。然而，该评估显示，在这组数据中的经济体覆盖了所有经济活动。关于国际劳工组织就业评估的可比性限制的讨论可见本书 KILM 2。

工作时间

年工作时间的评估往往是不可用的或者是相对不可靠的。即使对于发达经济体，每年的工作时间都没有统一规定。例如，工作时间的数据统计通常是指付薪时间，而不是实际工作时间，这意味着未工作过的带薪时间（比如带薪休假或生病）或未带薪的工作时间没有进行调整。另外，工作时间统计通常只适用于单一的劳动力类别（在很多情况下，只有员工），或只适用于特定的产业（例如制造业），或适用于特定类型的机构（例如具有一定规模的机构或者正规部门）。与往常一样，这些问题对于大部分低收入经济体来说是尤为严重的。无论年工作时间的评估怎么调整，最初数据统计里的这类缺陷往往是无法证明的。[1]

1 可回顾 KILM 7 中工作时间可比性相关部分。

KILM 17. 贫困、收入分配、按照工作贫困和经济类别划分的就业

引　言

表 17a 和表 17b 展示了两种用于监测第一个千年发展目标（MDG）进度的指标，而“消除极端贫困和饥饿”的千年发展目标已经生效。监测千年发展目标第一项第一个指标是消除贫困即贫困人口生活水平低于国际贫困线比例，而监测千年发展目标第一项第二个指标则是就业人员生活水平低于国际贫困的线比例（“工作的穷人”）。[1] 随着 2015 年千年发展目标的结束，17 个可持续发展目标（SDGs）已接替千年发展目标。[2] 第一个可持续发展目标认为要“结束随处可见的一切形式的贫穷”，监测生活低于国际贫困线的人口依然作为实现目标 SDGS 1.1 的措施。

表 17a 和表 17b 也展示了其他经济福利手段，如就业人口生活在不同经济阶层群体（由不同的人均家庭消费阀值表示），对人口生活水平低于国家确定的贫困线进行估计和把基尼系数作为收入分配不平等程度的量度。

在表 17a 和表 17b 中的贫困信息涉及几乎全部发展中经济体，因为对于大多数发达经济体来说并不存在类似的数据，极端贫困在发达经济体中是非常罕见的。基尼系数只显示在贫困信息可用的国家。然而，这个统计也可用于许多来自原始数据库（世界银行）的高收入国家。表 17b 包含的“穷忙族”被定义为一个家庭中的就业人员比例，这个家庭其成员的生活水平低于 1.9 美元的国际贫困线，而且家庭成员的就业充分分布在 5 个经济阶层。

指标的使用

消除贫困措施的价值，体现在不同经济阶层的工人们对收入不平等指标提供的信息以及国家经济水平发展进程结果，是不同群体与商品和服务联系的一种反映。有关贫穷的信息显示的是“不可接受的”低功耗或收入水平的绝对数和人口的比例，而经济阶层的就业不平等信息系列展示了一个国家不同人群在消费和收入水平上的差距。贫困测量是作为人口福利和生活条件非常重要的一个指标。另外，贫困线可以吸引政府和民间组织对贫困人口的关注；可以用来衡量旨在社会中减少贫困、提高个人福利的公共政策和方案的设计需要；可以分析关于贫困的信息，监测贫困发生率的增加或者减少；还可以评估减贫计划的成果。对贫困的任何评估都有助于解释其存在的原因，是找到解决方法的重要一步。

在 20 世纪 90 年代，这个以日益全球化和市场化为基础的经济体数量迅猛增长为特征的十年，贫困日益被认为是国际社会的一

1　第一个千年发展目标包括三个目标和九项指标；见官方名单：http://mdgs.un.org/unsd/mdg/Host.asp x?Content = Indicators/OfficialList.htm。体面劳动目标下的其余指标是人均 GDP 占有的增长率（比如劳动生产率的增长，见 KILM 16）、就业率（KILM 2）和弱势群体就业率（KILM 3）。

2　千年发展目标的正式名单及其相应的目标（包括第一目标）见：http://www.un.org/sustainabledevelopment/sustainable-development-goals/。

项主要挑战。第一项千年发展目标[1]是“消灭极端贫穷和饥饿”，具体目标是在2015年人均生活水平低于1美元的人口数量比1900年减半。[2] 与贫困的斗争一直在千年发展目标和可持续发展目标的接班人手中保持并加强，第一个可持续发展目标就是“结束无处不在的一切形式的贫穷”。相应的特定目标是，到2030年，在所有人中根除无处不在的极端贫穷。

而在发达经济体，贫穷经常与失业联系在一起，而大多数发展中经济体存在极端贫穷，这在很大程度上和工作有关，这就是为什么第二个千年发展目标是“实现充分就业和富有成效就业并且人人享有体面的工作，包括妇女和年轻人”。广大劳动年龄人口为了生存和支撑他们的家庭，必须在没有有效的社会保护方案或没有社会安全体系存在的情况下工作。对于这些生活在贫困中的工人，很典型的一个问题是就业质量差，包括低工资低收入以及低的劳动生产率水平。因此，减少整体贫困率要符合千年发展目标和可持续发展目标，就必须创造有利的环境，使就业机会和“穷忙族”的收入都得到改善。

值得注意的是，贫困与经济阶层的就业不平等都是非常重要的，这里提出的措施只集中在绝对贫困或相对贫困的一个方面。他们专注于个人收入或私人消费而不直接涉及其他领域，如获得医疗保健、教育、生产性就业以及社会和政治参与。一个全面的关于贫困和就业不平等的分析应该拓展到其他维度，这在其他 KILM 指标里至少能部分捕获。

定义及数据来源

因为贫困有多个层面，所以也有各种各样的理论概念。下面介绍四种描述：

1. 贫困是分析关于货币收入和个人消费的信息，而不是人类发展。底层信息在大多数情况下涉及个人消费开支，只有少数情况涉及个人收入。这是因为，通过调查获得收入的信息比较困难，也因为这些信息可能不完全地反映家庭真实生活水平。以这种方式衡量贫困的一个缺点是家庭调查往往跨越多个国家而且随着时间的变化而变化，从而降低了信息的可比性（见本章“可比性限制”）。

用收入或个人消费作为衡量贫困的一个主要特点就是建立了贫困线，在这预定水平之下的个人或家庭收入或消费水平被认为是穷人。贫困发生率通常是衡量消费支出低于这一预定水平的人口数量比例。数量许多国家已采用基于购买定量食物必需的收入作为门槛，国家收入贫困线。采用国际可比贫困线的贫困测量也是很有用的，因为它可以让贫困估量在全球基础上开展。世界银行设立了两个国际贫困线，目前为每天人均消费1.9美元和3.1美元。

2. 贫困依赖于“基本需求”的方针，反映了可接受的最低人类需求，包括食物和就业。这一概念超越了收入的缺少，因为它考虑到基本卫生保健、教育以及基本服务，比如获得安全饮用水。除了人类发展指数外，1997年，在联合国的发展项目里，引入了发展中国家的人类贫困指数（HPI）概念，在2010年该指数又被多维贫困指数代替。[3]

---

1 作为联合国千年宣言的一部分，“创造一个环境——在国家和全球层面都一样——有利于发展和消除贫困”，国际社会为减少收入贫困和改善人类的发展采取了一系列的国际目标。来自联合国秘书处、国际劳工组织、国际货币基金组织、经合组织和世界银行的专家采纳了一个包括8个大目标、21个具体目标、60项指标的框架来衡量进展情况。该框架内指标相互关联，代表了发达国家和发展中国家之间的合作伙伴关系。关于千年发展目标的信息，请参阅：http：//www. un. org/millenniumgoals。

2 千年发展目标对于贫困的表达是就分享而言的。也就是说，其目标是每天消费不足1美元的人口比例减半。由于人口数量一直随着时间的推移而上升，贫困人口比例的下降不一定转换为贫困人口实际数量的下降。1.25美元是国际“每天1美元贫困线”的门槛。而后在2015年将贫困线提高到每天1.9美元。这已经由世界银行在2005年价格水平的基础上更新至2011年的价格水平，并通过国际比较项目收集新的价格数据。

3 更多关于 MPI 的信息，见：http：//hdr. undp. org/en/content/multidimensional－poverty－index－mpi。

HPI 是一个综合指数，旨在捕捉人类生活的剥夺程度，尤其是对深受重复剥夺伤害的解释。

3. 结合了前两个视角的因素，贫困是与在一个特定的社会中发挥作用所需要的人的能力有关，即这种能力是在最低可接受水平的假设下存在。这种方法涵盖了多方面的能力，并且可以从充分滋养的低收入经济能力到高收入经济的更复杂的社会成就，比如获得电脑知识（假设一个人缺乏电脑知识，他很可能在进入经济发达劳动力市场时面临困境）。贫困被定义为是被社会主流淘汰，尤其是被排斥在劳动力市场外的。从这个角度分析，贫困导致了“社会排斥”的发展理念。

4. 基尼系数是一个众所周知的对于收入和消费分配不平等程度的直接计量。它着眼于收入和消费的累积分布（通过洛伦兹曲线表现）并且估计它偏离完全平等的程度。

国家和国际贫困线以及基尼系数的数据是从世界银行的一组发展指标中获得的。[1] 列入表 17a 中的数据集包括贫困线的使用，通过计算低于贫困线的人口数量百分比来计算贫困率。国家贫困线基于世界银行的国家贫困评估，而国际贫困线则基于对全国主要代表性家庭调查和发表在 PovcalNet 上的数据库。基尼系数的估计是基于全国家庭调查，由卢森堡研究数据库中高收入经济体进行补充。[2]

经济类就业估计，提供的就业分布横跨于 5 个以消费为基础的经济类家庭（见专栏 17），是基于全国主要代表性家庭的调查，但是只包括那些就业状况调查的问题。为了评估包括在表 17b 中的跨经济类的就业，就业的定义必须充分符合在第 19 届国际劳工统计学家会议（ICLS）[3] 中采用的国际就业定义。对于国家和多年来从世界银行 PovcalNet 数据库获得的可利用分布式数据，没有经济类国家就业的评估是可用的，经济类就业的评估是由专栏 17 中涉及的国际劳工组织的经济模型派生出的。

城市和农村的贫困线要具体到每一个国家。有些因素可能影响到贫困线的选择，比如营养需求、基本消费需求或者可接受的最低消费水平。国家具体贫困线下的人口不能进行国家间的简单比较。此外，随着时间的推移，考虑到新的发展和新的数据，这些贫困线可能已经发生改变，这也使数据的可比性降低。

国际贫困线使用的计价单位是美元，换算成国家本币只和购买力有关，而与市场汇率无关。用 1.9 美元这条贫困线做个示例，该金额被转换为等值的有关国家的货币，使用 PPP 转换系数。这项措施的优点在于允许进行空间和时间上的比较。

该指标的第三个数据集——基尼系数，是一项既方便又广泛使用的评估收入不平等程度的措施。它衡量一个国家内个人或家庭收入分配（或者是在某些情况下的消费支出）偏离绝对公平分配的程度。洛伦兹曲线绘制的是收到的总收入的累积百分比，而不是最贫困的个人或家庭受助者的累积百分比。基尼系数衡量的是洛伦兹曲线和假想的绝对平等线之间的差异，以贫困线下最大面积百分比的形式表示。[4] 基尼系数有零值的绝对平等收入和 100 的绝对不平等收入。如

---

1 国家和国际贫困数据以及基尼数据都是从世界银行，世界发展指标中提取。横跨经济类门槛人口分布的数据来自 PovcalNet，一种由世界银行管理的基于 Web 的交互式计算工具，允许用户复制由世界银行的研究人员估计的世界范围内绝对贫困程度的数据。PovcalNet 见网址：http://iresearch.worldbank.org/povcalne/。值得注意的是，世界银行对贫困估计的替代确实存在，“最好的”贫穷估计问题是研究界争论的话题。例如，国际劳工组织对贫困估计替代的研究，卡什纳斯，M.：《全球贫困：新国民经济核算和国际贫困估计对比一致》，ILO（日内瓦，2002）。

2 有关卢森堡收入研究的更多信息，见：http://www.lisproject.org/。

3 ICLS 关于就业定义的更多细节见 KILM 2。

4 读者可能想查找其他来源来了解不平等的其他信息和替代措施。比如，塔巴塔巴伊，H.：《对贫困和收入分配的统计：国际劳工组织纲要的数据》（日内瓦，国际劳工组织，1996）；联合国大学的世界收入不平等数据库（WIID），http://www.wider.unu.edu/research/Database/en_GB/database/。

同所有的综合性指标，基尼系数不能完全捕捉不同国家、不同时间、不同集群的由洛伦兹曲线表示的人口收入或消费份额的区别。

最后，经济类就业估计表明谁被雇佣，谁就处于一定的经济类组的人均消费量阀值范围内。通过结合劳动力市场特征与家庭消费群数据，经济类就业估计使经济状况和就业之间的关系更加清晰。由于就业和物质福利之间存在着重要的联系，同时评估这两个要素能够提供一个更缜密的角度，用以动态测定生产性就业的创建、减贫的进展以及世界范围内中产阶级的成长。

可比性限制

跨国比较不能使用国家贫困线进行，因为它并不反映贫困的任何单一确定的国际准则。但是，当聚焦到一个国家，同一个贫困线随着时间的推移而一贯使用，分析趋势和贫困模式还是有用的，而且在许多情况下，对国家的推论比对国家贫困线的分析更加有用。

在国家层面的比较，可能会随着时间的推移受到某些因素的影响，比如说调查类型或数据收集程序的变化。农业条件和自然经济灾害都会影响贫困率，贫困群体的成员可能每年都在变化，如一些人摆脱贫困而另一些人陷入其中。

基于国际贫困线的评估，采用购买力平价而非市场汇率保证了国家之间的价格水平差异已被考虑在内。然而，这也并非绝对表明，两个在不同国家的人，每天按购买力平价消费 1.9 美元（或者 3.1 美元），就面对同样程度的剥夺或者有同等程度的需要。除了个人之间经济福利的差异这个众所周知的问题外，还有其他问题式差异（比如城乡价格差异以及由于气候变化所需要的热量的不同）可能会或不会被考虑到。有的评估可能和消费有关而另一个跟收入相关，日收入 1.9 美元（或 3.1 美元）的可能比同量的日常消费支出要少。经常调整转换收入评估为消费评估会使所产生的消费分布产生偏离。非市场活动的程度和非市场生产方式以及消费价格可能大大阻碍可比性。

即使采用国际贫困线测量贫困和经济类群体是完美的，有几个悬而未决的问题仍然存在。例如，一个特定消费水平的人（假设，每天消费 5 美元），相同的消费水平在一个贫穷的国家比在一个富裕的国家是更好还是更坏呢？又如，假设一个生活在一个具有高度不平等的国家的人，每天消费 5 美元，是否更糟？

基尼系数原则上能够在没有特定的国家或国际贫困线的情况下比较不同国家不同时期的不平等水平。然而在实践中，它涉及可比性的其他问题。基尼系数来自调查的数据，这可能涉及收入或消费。如果收入和消费信息的必要细节是可用的，基尼系数预计将显示收入比消费存在更大的不平等。在表格中清晰地记录了指数是基于收入还是消费，用户试图进行比较时要做好区别对待的心理准备。用于构建指数的消费或收入累积分布与人均水平有关，而且是人口的百分比而不是家庭的。除了底层消费或收入的数据的质量可能较差，将系数转换为人口的累积分布的调整也可能引入额外的偏差或错误的评估。尽管有众多的缺陷，该指数在研究空间和时间上的不平等趋势时仍是非常有用的。

除了将国家贫困线分解成城市和农村地区外，表 17a 仅提供总体水平上的贫困和不平等数据，而没有按年龄和性别分类。（这是由于根据表 17a 国际数据存储库提取的贫困分列数据绘制不可用。）然而，由国际劳工组织根据全国调查数据编写的表 17b 中的经济类就业估计是按年龄［总体就业人口，青年和成人，分别被定义为 15 岁以上，15—24 岁（含）和 25 岁以上］和性别分列的，这些数据具有可比性。